アルスエレクトロニカの挑戦

なぜオーストリアの地方都市で行われる
アートフェスティバルに、
世界中から人々が集まるのか

鷲尾和彦

協力：アルスエレクトロニカ＋博報堂

学芸出版社

Prologue：オーストリアの地方都市で出会ったアートフェスティバル

「テクノロジーが人や社会をどう変えていくかって？　そんなことを考えてみたいのなら、アルスエレクトロニカ・フェスティバルを体験してみるといいよ」。アルスエレクトロニカとの出会いは、知人とのそんな会話がきっかけだった。

「アルスエレクトロニカ・フェスティバル」とは、オーストリアの地方都市リンツで行われている芸術祭である。コンピュータ以降のデジタル技術を活用したメディアアート、最先端のテクノロジーやサイエンスの研究プロジェクト等と世界中からアーティストや技術者、科学者がここには集まってくる。

当時、私は博報堂ＤＹメディアパートナーズのメディア環境研究所というシンクタンクで、研究員として「メディア環境変化の発見」と「メディアの新たな使い方の提案」を目的に、リサーチプロジェクトを担当していた。当時はブログ、ポッドキャストといったソーシャルメディアが飛躍的に普及し、フェイスブックが一般向けサービスとして公開されるなど、メディア・テクノロジーと生活者との関わりが急速に変わろうとしていた。私はそんなメディア・テクノロジーを、広告コミュニケーションへの商用活用にとどめず、「暮らしの有りようを変え、生活者や社会の価値観そのものをも刷新する力」として探求したいと

リンツ市内中心部にある OK 現代美術センター前の広場は、いつも多くの人たちで賑わっている

考えていた。しかし、その当時参加した多くのビジネスカンファレンスではビジネスアイデア以上のヴィジョンは聞けなかった。進化の先にどんな「生活」や「社会」が現れるのか、その点に私の関心はあり続けた。

一方、変化はいつでも個人から始まる。例えば、著名な作家が自身のエッセイを多国語に翻訳しPDFファイルで全世界に無料配布を始めていた。岩手県では南部杜氏の古い酒蔵の店主が、ブログやポッドキャスティングを駆使して自身が手掛けた日本酒をオンライン上で紹介し自ら語りかけていた。みんなそれぞれ主体的に世界に関わろうとしていた。新しい技術は人の可能性を広げていく。それを実体験した人たちに芽生えた価値観が、新しい生活文化を生み、社会を変える力になるかもしれない。こんなリサーチをするなかで、先の知人からアルスエレクトロニカ・フェスティバルの存在を聞かされたのだった。

1 アルスエレクトロニカ・フェスティバル

それにしてもこんなにのどかな街だとは。初めてリンツを訪れた時の印象だ。「アルスエレクトロニカ」という名前のもつ印象、最先端の技術が体験できる場所というざっくりした情報だけを頼りに行ったため、そのギャップに正直驚いた。こんなところで何が起きているというのだろう。直観だけを頼りに来たけれど、報告できることが得られるのだろうか。

上：路面電車が行き交うハウプトプラッツ（中央広場）
下：街なかにはオープンテラスのカフェなども多い

中央広場を中心に古い街並みが残り、メインストリートも1本で、20分もあれば端から端まで歩いてしまえる。石畳みの舗道は路面電車が行き交い、ドナウ川沿いに停泊している客船のゆったりとした姿は気持ちを和ませてくれた。アルスエレクトロニカ・フェスティバルは、こうしたリンツの街なかに点在するいくつかの文化施設や中央広場、そして街なかの店舗や通りなどを使いながら開催されていた。

私は不思議な違和感を覚えながら、街のあちこちで繰り広げられている、大小さまざまなイベント、カンファレンス、展覧会を一つずつ覗いていった。日常のなかにおもちゃ箱をひっくりかえしたように、ユニークな体験が用意され、誰もがこうした混沌とした状況を楽しんでいる。いわゆる先端テクノロジーのアートフェスティバルだとか、あるいはビジネス向けの技術展とかの、どれでもない。むしろすべての要素がありながら、家族連れを含め一般の人たちが参加できる「間口の広さ」がある。もしかしたら、東京のような賑やかな大都会よりも、こののんびりとした街の方が、「未来」を考える環境として相応しいのかもしれないと、だんだん思えてきた。

中央広場を抜け、シンポジウムに参加するためにドナウ川沿いを歩き、会場であるブルックナーハウスに向かった。この街出身のクラシック音楽家、アントン・ブルックナーの名を冠したコンサートホールだ。コンパクトな会場は満席で、高校生や大学生らしき若者もたくさんいた。米国のブロガー、香港の建築家、ロシアのアーティスト、英国から来た大学教授、さまざまな国から集まってきた登壇者たちが、この年のフェスティバルテーマ「シンプリシティ」について実践的な方法論を提案していた。

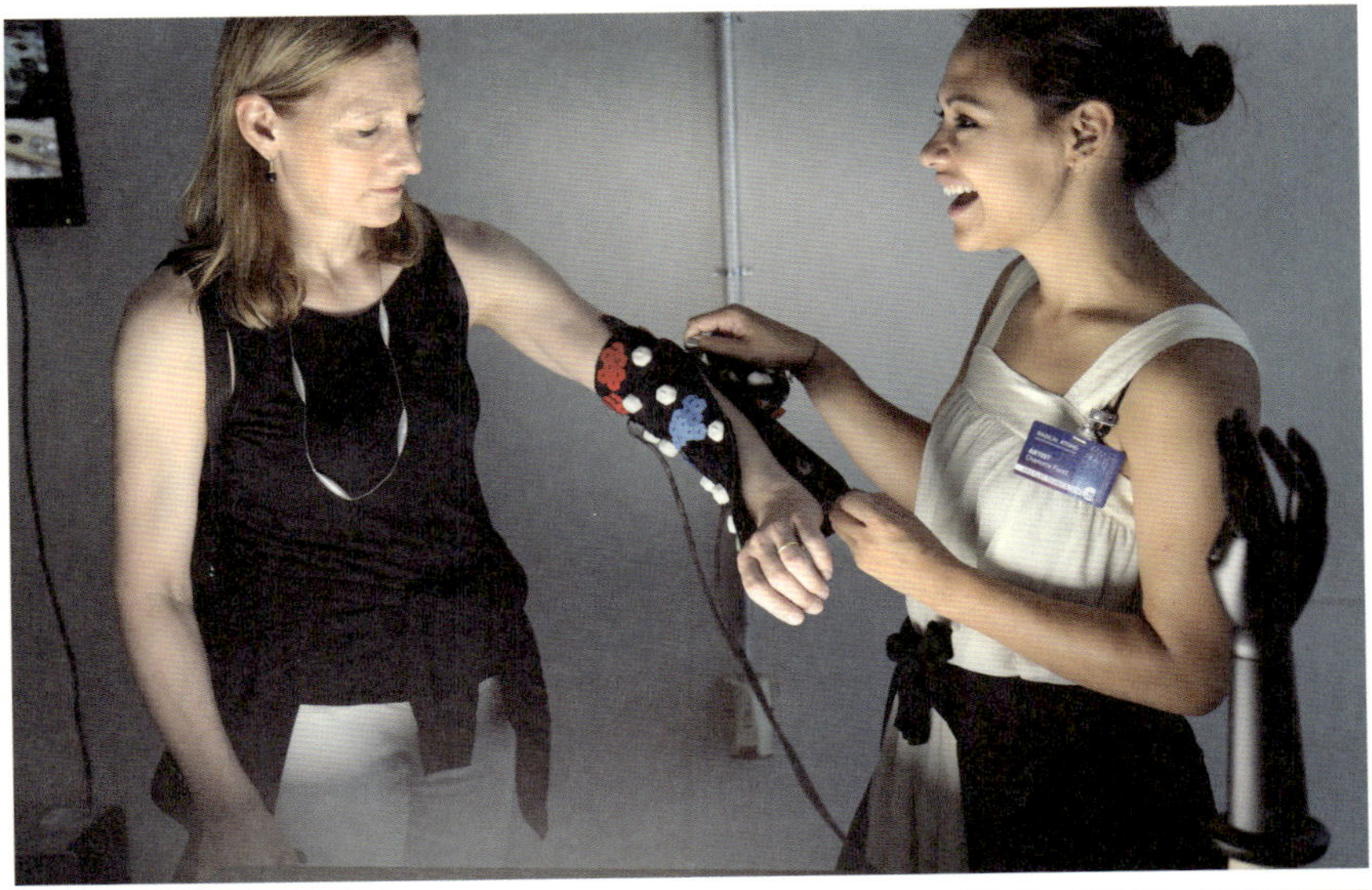

上：仮想空間上にシミュレートされたオブジェクトに、直接触れる感覚を提供する「スキンインターフェイス」。デモンストレーションを行うデザイナーのシャーロット・フューレ。アルスエレクトロニカ・フェスティバル（2016）

下：市民参加型プログラム「リップダブ」。市民の多くが知っているヒット曲を一緒に歌いパレードしながら、みんなのスマートフォンやカメラを使って様子を撮影し、1本の映像作品をつくる。アルスエレクトロニカ・フェスティバル（2014）

会場でフェスティバルの芸術監督であるゲルフリート・ストッカーに会えたので、このフェスティバルが「アート、テクノロジー、社会の祭典」と呼ばれる理由を尋ねてみた。私がその時書き留めたメモには、彼のこんな言葉が残っている。

――私たちは、アートとは理屈や論理を超えて、エモーショナルな方法で人の人生や社会を探求する方法だと考えています。新しい技術によって文化がどう変容しようとしているのか、それを理解することを助けてくれるものとして。

（ゲルフリート・ストッカー／アルスエレクトロニカ芸術監督）

この言葉は私のなかの問いに対する大きな手がかりとなった。そして私はその意味を体験的に学ぶためにその後10年に渡り、このオーストリアの小さな街に通い続けている。

2 人口20万の都市リンツ

中央ヨーロッパに位置するオーストリアは、周囲をドイツ、イタリア、スイス、スロベニア、ハンガリー、スロバキア、チェコ、リヒテンシュタインの8か国と国境を接する人口約870万人の小国である。リンツは首都ウィーン、グラーツに次ぐ国内第3の都市で、オーバーエスターライヒ州の州都でもある。人口は約20万人、コンパクトながら産業、文化、歴史、自然がバランス良く揃った環境が魅力だ。

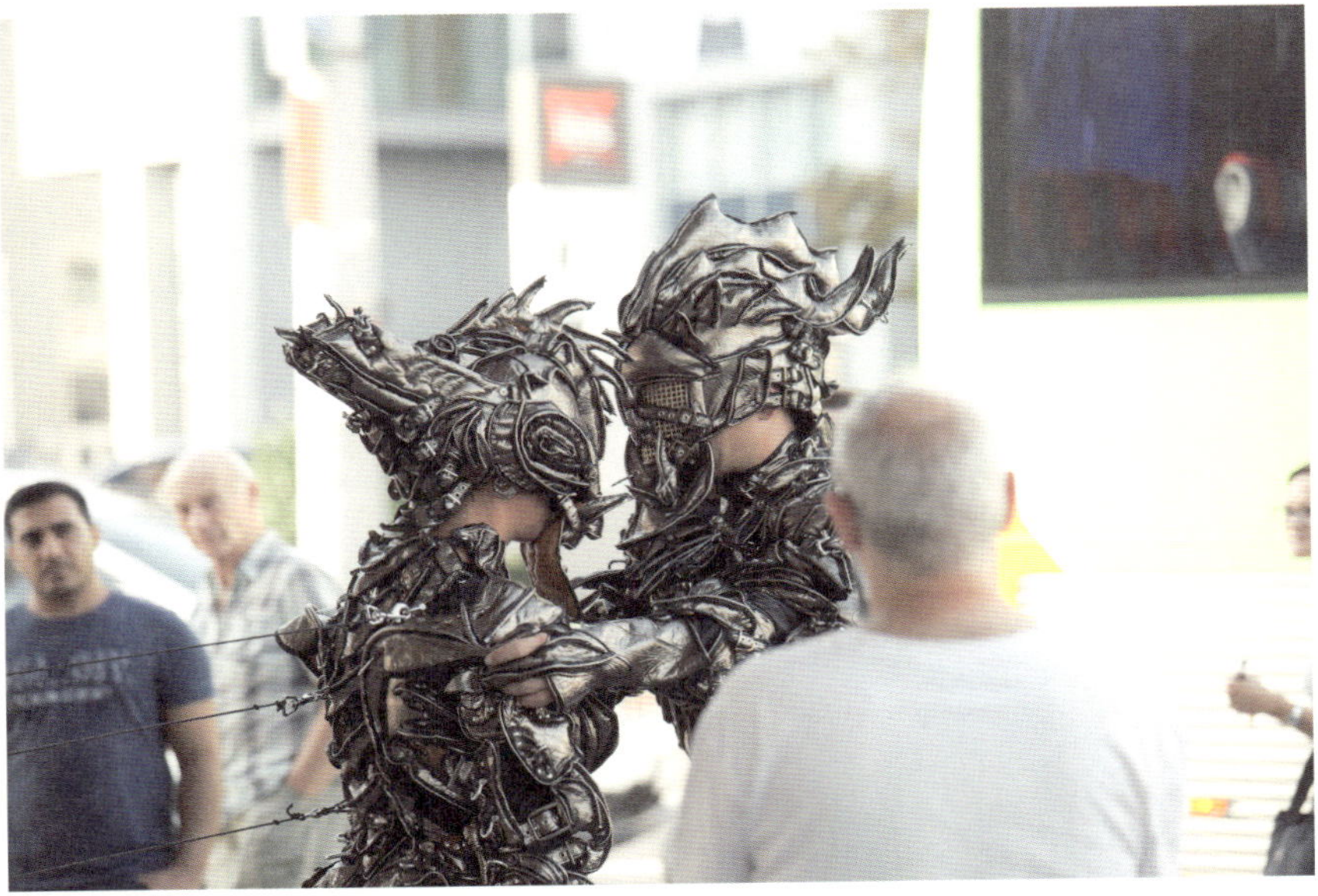

上：中世の鎧？未来の服？アーティストによるストリートパフォーマンス「ホモノスティス」（2016）
下：宇宙衛星と宇宙ゴミの軌道を 8K の技術を用いた美しいオーディオビジュアル体験にした映像作品。
アルスエレクトロニカ・センター内ディープスペース（2016）

ドナウ河の港湾施設周辺に形成された巨大な産業集積地に対し、中心市街地は歴史的街並みが残り、落ち着いた雰囲気を守り続けている。中央広場を中心とした旧市街地には、カラフルなファサードをもつルネッサンス期からの建物も残っている。オーストリアで2番目の高さを誇る134メートルの新大聖堂（マリーエンドーム）は街のシンボル的存在で、市内のどこからでも眺めることができる。ネオゴシック様式の造形でリンツの歴史を描いた「リンツ窓」と呼ばれるステンドグラスはいつ見ても美しい。モーツァルトが一時期居住し、「リンツ交響曲」を書き上げたというモーツァルトハウスも、中央広場からすぐのところに残されている。

現在のリンツ市民はオーガニック・フードにも関心が高く、私が初めてこの街に来た10年前と比べると、ヘルシーな食事を出すカフェやレストランがずいぶん増えた。「シャニガルテン（Schanigarten）」とは歩道沿いに設けられたカフェやレストランの屋外テーブルのことだが、市はこの数をカウントし統計データとして公開している。それによると、公共スペースでのシャニガルテンを有する店舗は、この20年ほどで18件から252件へと14倍にも増えている。*1 市民が街を楽しむためのちょっとしたアイデアだが、街なかのオープンスペースの確保や拡張が市をあげて奨励されている。

こじんまりした中央広場の北、ドナウ川とドナウパークの芝生沿いには道が続いていて、晴れた日にはジョギングやサイクリングを楽しむ人たちのスポーツウェアが水面の照り返しに眩しく光っている。ここは文化ゾーンでもあり南岸にはコンサートホール「ブルックナーハウス」、現代美術の「レントス美術館」、

上：リンツ市内のメインストリート。シュミットオール通りから、ラント通りにかけてのリンツ市内メインストリートの風景
下：ドナウ川沿いのドナウラート通りは、サイクリング、スケートボード、ジョギングなどを楽しむ人たちが行き交う

橋を越えた北岸側には〝未来の美術館〟「アルスエレクトロニカ・センター」が建つ。ドナウ川を挟んで輝き合うこの二つの建物はともにガラスのファサードが、プログラミングされた照明によって、刻々と色を変えながら輝く〝メディア建築〟で、未来志向の文化都市・リンツを象徴している。

さらに、ドナウ川を東に向かうと、演劇、パフォーマンス、ダンス、ライブコンサートをはじめ、最先端の文化を体験できるコンベンションセンター「ポストホフ（Posthof）」がある。もともと港湾施設の一角で、若い世代のアーティストたちが空きスペースでパフォーマンスを始めたのをきかっけに、オルタナティブ・カルチャーのメッカとして拡張してきた。リンツ市はこうした若い市民たちの動きを支援してきた。

しかし、現在の街の環境が整ったのは、１９８０年代後半から90年代にかけて、比較的近年のことだ。70年代、リンツは主力産業の斜陽化をきっかけに、街の存続に関わる危機的な状況を迎えていた。

3 アルスエレクトロニカとは

始まり

１９７０年代、産業とともに地域社会が衰退するなか、市民から生まれたムーブメントが今に続くアル

リンツ市の産業集積エリア、ザンクト・ペーター地区を走る貨物列車。リンツ市は 20 世紀半ばから鉄鋼業を中心とする重工業で栄えてきた

スエレクトロニカの原点だ。地元のアーティスト、作家、オーストリア国営放送局のマネージャーといった民間人が中心になって企画したのが、１９７９年に開催された第1回アルスエレクトロニカ・フェスティバルだ。先端技術にフォーカスした実験的なプログラムと、市民を巻き込む大衆性とのハイブリッドなイベントで、反響はテレビ放送を通じて増幅され、周辺地域、オーストリア国内はもとより、世界的な関心を引き寄せることになる。その後、メディアアートの国際コンペティション「プリ・アルスエレクトロニカ」のスタート、ミュージアム「アルスエレクトロニカ・センター」と独自の先端的な研究開発を行う「アルスエレクトロニカ・フューチャーラボ」の設置、アートイベントの企画実施を行う外部展示部門「アルスエレクトロニカ・エキスポート」、産業界へのマーケティングサービスを提供する事業部門「アルスエレクトロニカ・ソリューションズ」など、数十年という時間をかけて活動領域を着実に進化、拡張させてきた。

ちなみに「アルスエレクトロニカ」とは、芸術祭、コンペティション、センター、ラボをはじめとする活動全体を指す名称である。この言葉は、人間がつくりだす「技」や「技術」という意味をもつラテン語の「アルス（ars）」と、テクノロジーに影響を受けた文化を意味する「エレクトロニカ（Electronica）」とが合わさったもの。テクノロジー（技術）とアート（人間の創造性）を通して、人と社会がどのように変わっていくのかを考察する、それが「アルスエレクトロニカ」のヴィジョン（哲学）だ。

上：ドナウ川沿いに建つアルスエレクトロニカ・センターとアルスエレクトロニカ・フューチャーラボ。
背後にはペストリングベルクの丘が見える
下：アルスエレクトロニカ・フェスティバルでの「フューチャーイノベーターズサミット」(2015)

アート&テクノロジーの最前線を名乗り出る

国際コンペティション「プリ・アルスエレクトロニカ」は、こうしたヴィジョンと取り組みを世界に広め、同時に、リンツに最先端の「アート&テクノロジー」の潮流を呼び寄せることで、この街を国際的ネットワークの結節点（ハブ）にすることを意図して1987年にスタートした。最先端の潮流と言えば聞こえは良いが、つまりは未だ価値が定まらない、権威も存在しない領域への挑戦である。初回は当時の「コンピュータ文化」を象徴するアニメーション、グラフィックス、音楽の3部門が用意されたが、以降、審査部門は絶えず検証されながら柔軟に変化し、進化してきた。最高賞のゴールデン・ニカ賞は「コンピュータ界のオスカー」と呼ばれるほどで、日本人アーティストや研究者を含め、世界各地から毎年多くの応募者が集まってくる。

アルスエレクトロニカ・センターの完成とフューチャーラボの設立

アルスエレクトロニカとリンツ市にとって、プリ・アルスエレクトロニカに次ぐマイルストーンとなったのが、1996年のアルスエレクトロニカ・センターの設立だ。コンセプトは「未来の美術館」。50人のインフォトレーナーが来場者を迎え、最新鋭の映像やものづくりの設備を利用し学ぶことをサポートする。

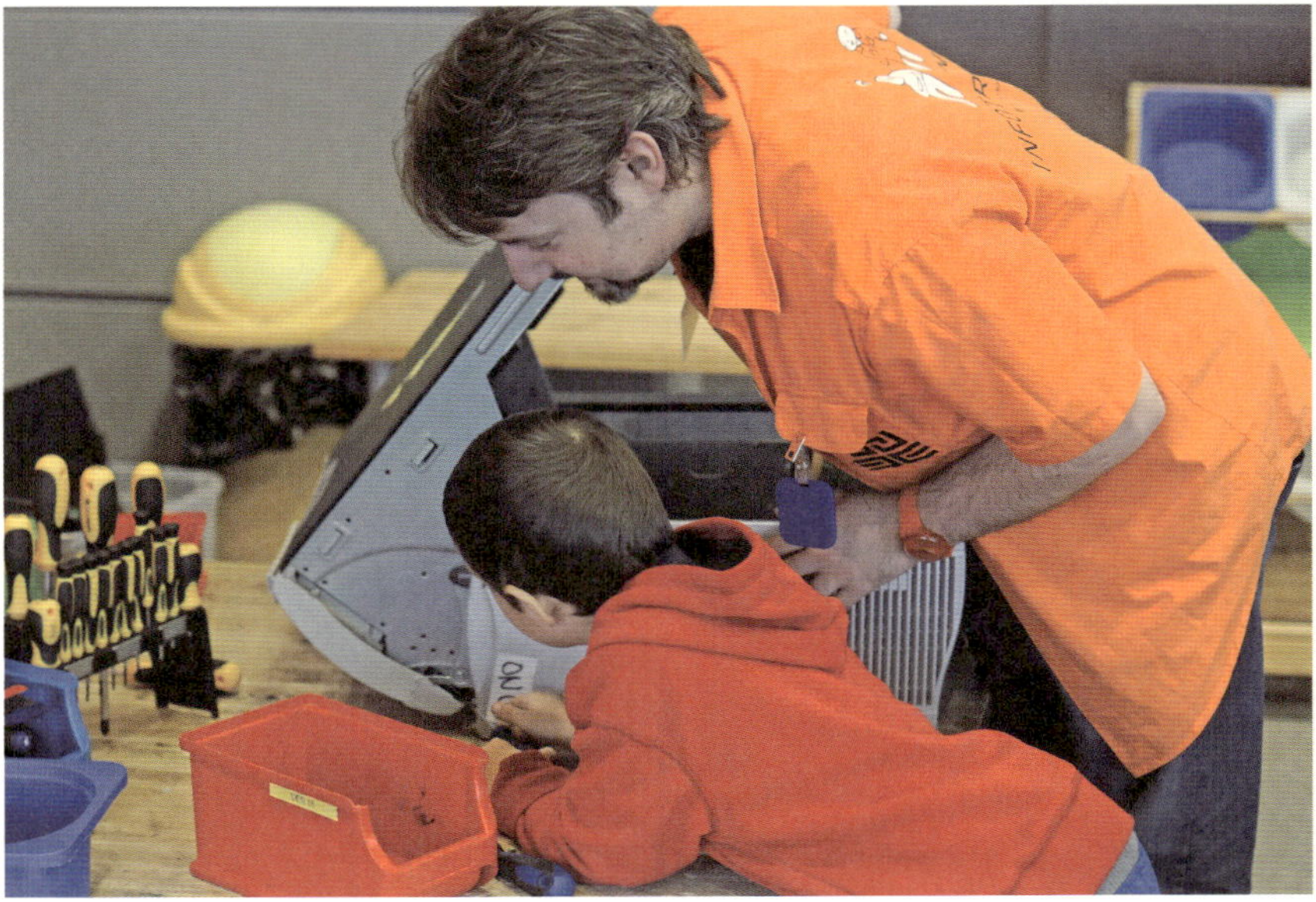

上：プリ・アルスエレクトロニカ授賞式「ガラ」の様子（2013）
下：アルスエレクトロニカ・センターでの「キッズ・エクスペリエンス・テクノロジー」展（2014）

「市民を鑑賞者からクリエイターへ」が運営方針だ。さらに、創造産業創出の拠点としてアルスエレクトロニカ・フューチャーラボも新設された。

そして、フェスティバル、コンペティション、センター、ラボなどの各部門を統括し運営する事業会社「アルスエレクトロニカ社」が同年設立された。アルスエレクトロニカ社は、リンツ市が所有する公営企業である。市が目指すのは技術革新を取り入れた産業振興戦略と、将来の社会・産業構造の変化に対応する柔軟な価値観を地域社会に広げる文化政策との両立だ。ただし、市民が始めた取り組みから事業会社設立に至るプロセスは、計画的に構想されてきたわけではなく、絶えず時代の変化を捉え、変革し続けてきた結果である。

4 産業を生む土壌——行政とのパートナーシップ

リンツ市は古くから労働者や技術者が多く、技術革新とともに歩んできた産業都市であるため、新しい技術に柔軟な土壌が育っている。第二次世界大戦以降、１９７０年代までは鉄鋼業、化学産業などの重工業に依存してきたが、近年は情報通信サービス、銀行保険、広告やコミュニケーション産業などサービス産業も増加し、多様な産業が集う都市へと変貌した。なかでも創造産業育成の象徴がタバクファブリー

上：タバクファブリーク・リンツ
下：タバコ工場の女性労働者たち（1934 ～ 1938）

ク・リンツという、約3万8148平方メートルにおよぶクリエイティブ産業集積センターだ。第一次世界大戦後の30年代初頭に建てられた旧タバコ工場に建築、デザイン、メディア企業、広告エージェンシー、ソフトウェア開発の他、文化団体、教育機関、医療機関などが入居する、クリエイティブやスタートアップ企業の集積地となっている。スタジオ、イベント会場、共同作業スペース等の多彩な機能も用意され、産業の創出だけでなく、教育や社会サービスまでも視野に入れた運営が方針とされている。300名を超える人が働くが、随時この古い工場跡地はリノベーションされ続け、入居者も増え続けている。このプロジェクトも、2010年にアルスエレクトロニカ・フェスティバルのメイン会場とされたことがきっかけで始まった。今ではオーバーエスターライヒ州の創造産業育成のモデルケースとなっている。

一人ひとりの市民を街のアクター《主役》に

地域の多様な人々がお互いに刺激を受けながら、社会が成長することを目指す方針は、リンツ市の政策の柱である。女性の社会参加、若年層の教育支援や就労教育、失業対策、住宅供給といった福祉政策にも積極的で、事実、女性の就労率は1985年から2012年の間に42%以上も向上した。労働環境の改善と、育児しやすい環境の整備と併せて進められた結果だ。例えば3歳以下の子どものための保育園の数は9件（1988年）から35件（2011年）へと4倍近く増えている。*1

上：アルスエレクトロニカ・センターのロビースペースでも、さまざまなワークショップが開催される（2011）
下：アルスエレクトロニカ・フェスティバル 2015 で行なわれた「ポストシティキット・メイドイントーキョー」ワークショップ。都市をより良くするアイデアを考えるセッションに多くの一般市民も参加した（2015）

「オープン・コモンズ・リンツ」という取り組みもユニークだ。幅広い行政データを市民に公開することで、市民の側から新しい社会サービスが生まれることを奨励している。産業の育成だけでなく、社会参加、生活環境の改善を並行して進める政策は、「社会的市場経済」または「ライン型資本主義」と呼ばれ、オーストリアの政治・社会政策の根幹をなしてきた。そこには自由、平等というヒューマニティに根ざした発想も根底にあるが、重要なのは福祉政策や文化的発展を、経済的な生産性を高める要因として合理的に評価していることだ。こうした価値観は、街の文化と言えるだろう。グローバル化とともに、新自由主義の影響が世界的に拡大した１９８０年代後半以降、市の政策として明確に掲げられてきた。

こうした戦略のもと、リンツ市は特に80年代後半以降、文化施設の拡充や、文化イベントの開催も積極的に行っている。１９８８年から２０１２年までの間に、27の文化施設がつくられており、先のドナウ川沿いの文化ゾーンに集積された文化施設もこの時期に整備が進んだものだ。また年間の文化イベントの総数も、２４５４（１９８８年）から７６８９（２０１１年）へと、実に３倍以上に増えて、参加者の総数も、14万７０２３人から26万４２７６人へと拡大している。[*1]

こうしたリンツ市の文化・社会政策を中心になって担い、地域社会を牽引してきた存在が、「アルスエレクトロニカ」だった。

ラント通り沿いに設けられたテンポラリーなカフェスペース。普段の街の催しでも、こうしたオープンスペースがよく使われる

街の変化

取り組みの結果、リンツ市は経済成長率が低下しているヨーロッパ先進国のなかで、この20年程で20％近くの雇用の伸びを実現してきた。２０１４年現在、合計１万２５４３の企業が１万５１０３の職を提供している。これら多彩な産業をあわせた全雇用者数は、リンツ市民の総人口を超えるという極めて高い雇用環境を生みだしている。*2

失業率の上昇も押さえ込み、オーストリア国内全体が、５・３％→７・０％に対し、リンツ市は４・８％→４・８％と横ばいだ。主要都市圏との比較でも、ウィーン（６・９％→９・５％）、グラーツ（５・１％→７・５％）などの都市圏が軒並み失業率を上げているのに対し、最も低い水準を維持している。*1

アルスエレクトロニカがリンツ市にもたらした成果は、以下のように整理できるだろう。

①デジタル技術の先端テクノロジーを地域資源として位置付けた
②アートとテクノロジーへのアクセシビリティを高め、知的人材を育成した
③アートとテクノロジーの国際的ネットワークのハブとなった
④科学技術の社会（産業、教育、生活）への実装力を高めた
⑤重工業の街から文化創造都市への転換に成功した

結果、リンツは芸術文化と科学技術の発展を活かした地域社会の再生モデルケースとして、２００９年

上：香港のアーティスト、エリック・シューのプロジェクト「タッチー（Touchy）」による市内繁華街でのパフォーマンス。人間をカメラに見立てたウェアラブルデバイスで、身につけた人はシャッターが閉じた状態（盲目的な状態）に置かれるが、誰かが触れることでシャッターが開き（目が見える状態になる）、写真を撮ることができる。コミュニケーションの楽しさや、人に接することへの不安を癒す機会をつくることがアーティストの目的

下：自動運転カーメルセデスベンツ〈F015〉のおひろめ。ハウプトプラッツ（中央広場）にて（2015）

に欧州文化首都に、２０１４年にはユネスコ創造都市に選出されている。

確かに、この10年間、リンツは私の疑問にいつも新鮮な回答を見せてくれてきた。変化の激しい時代に、個人が自らの「問い」をもち、生き方を選びとっていく社会。遠くの目に見えない大きな権威よりも、近くて顔の見えるパーソナリティに信頼を置き、共感を大切にする生き方。人と人の直接的なつながりと触発によって生まれる創造性。多様な個人を活かしあう社会の仕組み。その集積がリンツに新しい「文化」と「生き方」を生みだし、ビジネスや社会システムの基盤をつくっている。

都市に必要なクリエイティビティは、単に新しいアイデアやモノをつくるだけでなく、多様な人々が主体的に活き活きと暮らしていくこと、それを手助けする「環境」を構想することなのだ。オーストリアの地方都市リンツで、アルスエレクトロニカはそのことを私に実体験として見せてくれた。

【注】

＊１　リンツ市「Linz verändert（1988-2011）」

＊２　リンツ市の最新ホームページより　http://www.linz.at/english/business/355.asp
リンツ市の総雇用者数：20万７０００人（２０１５）⇕　リンツ市の人口：19万７４００人（２０１５）

アルスエレクトロニカ・センター近くの路面電車の駅ルドルフシュトラーセ。
アルスエレクトロニカ・フェスティバルは毎年9月初頭に開催される

リンツ市街地
ドナウラーデ通り
ドナウ川
ドナウパーク
タバクファブリーク・リンツ
アルスエレクトロニカ・センター
ブルックナーハウス
ニーベルンゲン橋
レントス美術館
ハウプトプラッツ
（中央広場）
旧市街地
シュロスパーク
ランドハウス
旧大寺院
クロスター通り
シュミットオール通り
プロムナーデ
OK現代美術センター
ヘレン通り
アカデミシェス・
ギムナジウム・リンツ
マリーエンドーム
（新大聖堂）
ラント通り
デザインセンター
フォルクスガルテン
リンツ中央駅
ポストシティ
（旧郵便配送センター）
0
200m
©Google
リンツ市
ペストリングベルク
アルスエレクトロニカ
ポストホフ
旧市街地
フェスト
アルピネ社
ドナウ川
ザンクト
ペーター地区
0
2km
©Google

アルスエレクトロニカの挑戦

第I章

地方都市で生まれたメディアアートの祭典

2009年のフェスティバルでラジオ局FM4が企画したライブイベント

1 オーストリア第3の都市リンツ——陸路と水路の結節点にある工業都市

リンツを州都とするオーバーエスターライヒ州は、水運と陸運に恵まれたその地理的条件によって、古くから商工業が盛んな地域であった。

東西ヨーロッパの10の国々を貫流するドナウ川は、ヨーロッパ大陸において産業、文化、そして多様な人々の交流を生みだす役割を果たしてきた。ドイツ南部のシュヴァルツヴァルト（黒い森）の源流から、オーストリアとの国境の街パッサウを通ってリンツ市内を経由し、古城や修道院が点在する景勝地ワッハウ渓谷を抜け、首都ウィーンへ向かうその先で、スロバキア、ハンガリー、クロアチア、セルビアといった東欧の国々を流れ、ルーマニアとブルガリアの国境沿いを経て黒海に流れ込むその大きな流れ。リンツはこのドナウ川上流エリアにおいて最大規模を誇る港湾施設を有し、河川交易の重要拠点となっている。さらに陸路に置いても、神聖ローマ帝国時代から州南部のザルツカンマーグートの塩鉱とチェコのボヘミア地方とをつなぐ「塩の道」の要所であった。

現在、リンツ市を中心とするオーバーエスターライヒ州の経済圏はオーストリア国内で2番目に大きく、国内における輸出額の25％を同地域の工業が占めている。

多様な人々の通過点

オーストリアは自治権をもった九つの連邦州による連邦国家であるが、そのなかでもオーバーエスターライヒ州は、古い歴史と文化が色濃く残る地域だ。ドナウ川沿いには新石器時代の人々の居住跡も見つかっていて、古の時代から多くの人々が通り過ぎてきた記憶が染み付いている土地である。リンツの歴史も古く、紀元前には「レントス（Lentos）」と呼ばれるケルト人の集落があったそうだ。

その後、ローマ帝国時代には砦が築かれ、それがこの街の基礎となっていった。このドナウ川沿いに築かれた砦は、ローマ帝国の北限、つまりは北のゲルマン人の領域と

ヨーロッパにおけるオーストリアとリンツの位置図

の境界線であった。その時の遺構は現在もリンツ市の中央広場近くに残されている。

リンツという街の名前は、その時ローマ人たちがこの地を指して呼んでいた「レンティア（Lentia）」に由来している。13世紀になるとリンツは都市特権を獲得、15世紀には神聖ローマ帝国の皇帝フリードリヒ3世がリンツ城を居城とし、一時的に首都となった歴史もある。

工業都市としての発展と第二次世界大戦

産業都市リンツの本格的な工業化は、1840年頃に起こる。まず大規模な金属加工業が生まれ、次いで造船所が操業を開始。その後、機械工業、繊維産業が発達すると、1850年には2万5000人程度であった人口が20年後には倍の5万人を超えた。

そして20世紀の半ば、リンツは急激な時代変化に飲み込まれる。第二次世界大戦直前のオーストリアのドイツ併合と、国家社会主義ドイツ労働者党（NSDAP）、つまりナチ党による軍事占領の下、軍事産業の拠点として、鉄鋼の街へと変貌を遂げていく。

実はリンツは、ナチ党党首・アドルフ・ヒトラーが愛した街として知られていて、ヒトラーは1889年にリンツ郊外のブラウナウ・アム・インで生まれている。その後、5歳の時に初めてリンツに移住、美術大学への進学を目指してウィーンに行くまでをリンツで暮らした。ナチ党を率いて1933年に43歳でドイツ首相となった後、１９３８年に、ドイツがオーストリアを「ドイツ領オストマルク州」として併合した際にも、リンツの中央広場で演説を行なっている。またヒトラーはリンツで余生を送ることを願っていたとも言われている。

ヒトラーはその晩年近くに、ベルリンをドイツ第三帝国の首都に改造する大規模な都市計画「総統都市」構想を描く。その時、強い愛着をもったリンツを、パリをも凌ぐ世界的な芸術の都とする夢も描いている。このリンツの街と世界最大級の美術館「総統美術館」の模型をつくっていた話は、ハリウッド映画の素材にもなっている。第二次世界大戦での敗北のために、この計画が実現されることはなかったのだが。

１９３８年に、ドナウ川沿いの港湾エリアに、ナチ党主導のもと、「ヘルマン・ゲーリング国家工場」のリンツ製鉄所が建設される。ヘルマン・ゲーリングはヒトラーに次ぐナチ党第２の実力者で、１９３３年のナチ党政権誕生後には、プロイセン州首相、ドイツ経済相などを務め、最終的にはドイツ軍の国家元帥にまでのぼりつめた人物だ。この工場は、目前に迫った第二次世界大戦に備えるための軍事産業拠点として計画さ

第二次世界大戦時のリンツ市航空写真

リンツ市庁舎近くの公園に立つ彫刻。「国家社会主義の犠牲者を決して忘れません」と記されている

れた。

こうした製鉄所と軍事工場に集められた数万人にもおよぶ労働者のなかには、多くの強制労働者も含まれている。リンツ近隣には、マウトハウゼン強制収容所があり、この大規模な強制労働所とつながった三つのサテライトキャンプがつくられた。こうしてリンツは、国家社会主義の下、１９３８年から１９４５年の7年間、ナチス・ドイツの崩壊まで、軍事産業の中心地として鉄鋼、化学、機械、造船などさまざまな重工業を発展させた。

しかし、第二次世界大戦末期には、軍需産業の拠点として激しい空爆にあい、5分の1の住宅が半壊もしくは全壊し、約半数が何らかの被害を受け、街は大きなダメージを受けた。さらに戦後は、米国、英国、フランス、ソ連4国の占領下に置かれる。オーストリアは10年近くにおよぶ占領下の時代を迎え、１９５5年にようやく永世中立国として独立を果たすが、リンツ市内では１９６０年代まで戦禍から完全に立ち直ることができず、住宅供給不足の問題も残り続けていた。

戦後復興

戦後のマクロ経済政策においては、占領国から資産を守るという目的のためにも産業の国有化が進められ、「ヘルマン・ゲーリング国家工場」も国有企業となる。戦争の反省から、経済成長を目指しながらも、同時に市民の生活再建を進める社会福祉国家が目指された。こうして生まれ変わった国営企業を中心に、リンツは鉄鋼業と化学産業からなる重工業都市として復興を果たしていった。ドイツ南部の工業地帯に近い地理的な条件は圧倒的に有利だったし、ヨーロッパ各地を結ぶ高速道路や鉄道も整備され、街の復興、発展を後押しした。

国有化された鉄鋼会社は、戦後の１９５０年代初頭に、その当時の鉄鋼業において最も革新的と言われた「ＬＤ転炉」という技術を開発する。ＬＤ転炉は、熱効率が高く、廃ガスへの熱損失が少ない等の優れた特徴をもった画期的な技術革新で、そのためにこの技術は戦後の復興期において、ヨーロッパだけでなく、日本にも導入されている。日本が当時世界トップレベルの製鉄国へと発展していった背景にも、このＬＤ転炉という技術の果たした役割が大きいと言われている。専門性が高い産業が集積することで、高度な技術革新を生みだしていくことは、現在にも脈々と続いているリンツの産業群の大きな特徴だ。

衰退――経済危機と環境の悪化

しかし、こうした重工業都市としての復興と発展は、１９７０年代半ばには急速に陰り始める。１９７３年の第１次オイルショックに加えて、アジアや南米の新興工業経済地域の国々との競争が激化したこと、電子技術関連分野やサービス経済の成長による、第３次産業への産業構造転換などがその要因だった。時代は、工業化社会から脱工業化社会の時代へ、そして情報化社会へと向かおうとしていた。

この頃、リンツ市の失業率は一気に高まり12～15％にもおよんでいたという。街には仕事のない若者たちが溢れ、リンツの地域経済は、その成長シナリオの大幅な修正を余儀なくされる。

環境問題も露になっていた。製鉄工場が排出するスモッグが大気汚染を引き起こし、市民の生活環境の劣悪化が進んだ。リンツが盆地地形であること、また薪ストーブ利用が盛んであったことなども環境汚染を広げた要因であった。「美しき青きドナウ」というクラシック音楽の楽曲があるが、当時のドナウ川は真っ赤だったと聞く。

当時のリンツ市民の生活は、仕事も、福祉も、未来も、すべて鉄鋼で支えられていた。鉄鋼業は、街全体を動かす巨大かつ唯一の動力源であった。その基幹産業自体が引き起こした問題は、経済面だけでなく、人々の生活面にもおよび、街を疲弊させていった。それはリンツ市を支えてきた社会の仕組みそのものの行き詰まりだった。

1970年代後半から80年代において、リンツ市最大の政治的課題は地域の「社会システム」の変革にあった。産業の復興と雇用の確保を最優先課題としつつも、いかにして市民が置かれた生活環境を改善し、未来へとシフトできるか。そのためには、鉄鋼に依存した社会そのものを見直すこと、経済的開発と、文化・社会面での街の再生を切り分けることなく、一つの「社会システム」として地域社会全体の方向性を転換させることが必要とされた。

2 再生——工業都市から文化芸術都市へ

そんな1970年代後半から、リンツ市は自己治癒を開始していく。行政主導による新たな産業誘致や、技術革新に産業界が取り組める環境づくり、教育機関への投資、文化施設の整備など、労働者や次世代の担い手の育成に取り組んだ。70年代後半の経済不況と産業構造の転換は、日本を含め世界的にも大きな課題であったが、リンツ市が採ったユニークな戦略は、それを産業だけの問題として切り分けて捉えるのではなく、人々の考え方、マインドセットを変え、技術者、労働者、そして市民が未来の変化に備えうる状況をつくりだしていくこと、つまり市民社会全体に関わる課題として捉えた点にある。

新しい街のアイデンティティ、つまり市民の拠り所を、過去ではなく、これから先に訪れるテクノロジーと創造性とがつくりだす新しい社会のあり方、そしてその生活文化とに求めようとした。こうした行政主導の再生計画と並行するように、市民レベルでもさまざまな活動が生まれていく。その市民の自発的な取り組みのなかから生まれてきた、一つのアイデアが「アルスエレクトロニカ」であった。

アルスエレクトロニカの原型——電子音楽のライブパフォーマンス

アルスエレクトロニカの原型（パイロット版）は、1979年に行われた電子音楽のイベントとそれに関連したシンポジウム、ドナウ川沿いで実施された大規模な市民参加イベントなど、複数のプログラムの集合体であった。それは、当時すでにスタートしていた「国際ブルックナーフェスティバル」の関連プログラムとして実施された。

国際ブルックナーフェスティバルは、リンツ南部のアンスフェルデンに生まれた作曲家、アントン・ブルックナーの名を冠するクラシック音楽のイベントである。ブルックナーは、交響曲や合唱曲、宗教音楽などで親しまれている19世紀後期ロマン派の音楽家で、リンツ市内の旧大聖堂（アルタードーム）のオルガニストを長らく務めた。その生誕150周年を記念して1974年に始まったこの音楽イベントは、現在もドナウ川河畔に建つコンサートホール「ブルックナーハウス」を拠点に毎年開催されている。

一方、アルスエレクトロニカの原型となるプログラムは、まったく異質なものだった。それは、当時新しく登場したばかりのアナログ・シンセサイザー等の電子楽器を用いたアヴァンギャルドなライブパフォーマンスだったのだ。少人数ではあったものの世界各地から前衛的な現代音楽のパフォーマーたちが招聘されていた。それはブルックナーを聴きに来た観客には鮮烈な驚きをもって受けとめられただろう。

またこのパフォーマンスとともに、参加した約20名のアーティストや科学者によって、「未来社会のためにコンピュータには何ができるのか」というテーマで、電子音楽、コンピュータグラフィックスをはじめとする新しいアート表現、文化体験の可能性に関するオープンディスカッションも開催されている。

4人の発案者たち、最初のアクション

アルスエレクトロニカ・フェスティバルのアイデアを考案したのは、当時、リンツ市に地方スタジオを置いていたオーストリア国営放送局（ORF：Austrian Broadcasting Company）のマネージャー、ハネス・レオポルトゼーダーをはじめ、リンツ生まれの電子音楽アーティストであるフーベアト・ボグナーマイヤー、ウィーン生まれのSF作家で、ミュンヘン大学でコンピュータグラフィックスやコンピュータアートの講師を務めていたヘルベルト・W・フランケ、現代音楽、フリージャズ、プログレッシブロックなど、当時の前衛的な音楽表現に精通した音楽プロデューサーのウルリヒ・ルッツェルらの4人のグループだった。

彼らが着目したのは「コンピュータ文化」の可能性と、従来の既存ジャンルを超えた分野横断型の表現活動の可能性であった。レオポルトゼーダーたちのアイデアの核には、「電子・情報・通信など、いわゆるエレクトロニクス分野の科学技術が、リンツ市にとって、市民の暮らしを支える未来の原材料になる」という明確なヴィジョンがあった。彼らは、「鉄は20世紀のものである。それでは、21世紀は何になるのか？」という問いを繰り返し考え続けていた。

――当時は、誰もがまだコンピュータを計算機程度の存在にしか思っていなかった。だけど私たちはそうは思わなかった。コンピュータはただの機械ではない。コンピュータは生活を変えるパワーなんだと感じていた。新しいグラフィック、映像、文学をもつくりだす時代が来るに違いない。そして、それは私たちの暮らしのどこにでも入り込んでくるだろう、と。コンピュータは私たちの生活を書き換えていく。そう、私は確信していたと言ってもいい。鉄鋼ではない。エレクトロニクスこそが、未来の原材料になるんだと。

（ハネス・レオポルトゼーダー／アルスエレクトロニカ共同創始者）

「アート、テクノロジー、社会」というコンセプト

第1回目のアルスエレクトロニカ・フェスティバルには、「アート、テクノロジー、社会のための祭典(Festival for Art, Technology and Society)」という定義が記されている。それは「社会的・文化的なイノベーションには、アートとテクノロジーの両輪がいる。個人がもつ自由で独創的な発想と、科学技術のもつ革新性や実用性との触発が社会全体を変革するためには欠かせない」というヴィジョンだ。テクノロジーの進化は早く、人がそれをどのように使えば良いのかと考えている間にさらなる発展を遂げていってしまう。技術革新が進んでいく未来社会のなかで、人はどのようにして暮らしていくのか。「未来社会」をつくるのは、技術（テクノロジー）だけではない。それを動かす人の独創的な発想（＝アート）が不可欠である、と。

1979年、第1回目のアルスエレクトロニカ・フェスティバル。ドナウパークに集まった市民（上)、
電子音楽パフォーマンス（右下）とポスター（左下）

フェスティバルは、このヴィジョンを多様な市民とともに直接体験し、分かち合い、ともに考えていく場である。そしてこの「アート、テクノロジー、社会」は、1979年のスタート当初から、現在では多岐におよぶアルスエレクトロニカの活動全体を貫く哲学であり続けている。

キーパーソン

4人のアルスエレクトロニカの創設メンバーの中心人物として、フェスティバルのアイデアとヴィジョンを構想したのが、ハネス・レオポルトゼーダーである。彼は1940年に、サンクト・レオンハートというリンツ市から約50キロ離れたオーバーエスターライヒ州の小さな村で生まれた。1959年にリンツ市内の高校を卒業した後、ウィーン大学でドイツ文学と英文学を学び、1964年には哲学の博士号を取得、1967年にオーストリア国営放送局（ORF）に入社した。ウィーンで政治記者、編集者として長年勤務した後、オーストリア国内政策に関する報道部門を統括する立場となる。

再びリンツに戻ったのは、1974年、リンツ市内にある地方スタジオのマネージングディレクターに就任したためであった。

――リンツの街の状況は今とはまったく違っていた。工場が吐き出すスモッグが空を覆い、とにかく大気汚染が酷い状況だった。だけど私はこの街の住民になった。この街で暮らしていかなくてはならない。

この街で働いていかなくてはならない。この街のために今の私には一体何ができるというのだろうか。そう自問自答を続けていたよ。リンツは、文化的なシグナルを発信することができずにいた。文化の発信源となるような活動も、これからの社会の方向性を指し示すような活動もなかった。文化的なアイデンティティそのものが見えなかった。そんな街に誰が暮らしていきたいと思うかね？

（ハネス・レオポルトゼーダー）

文化的アイデンティティとは、地域社会、民族、職業、世代など、さまざまな社会的集団のなかで共有される、いわば存在の拠り所となるものだ。当時のリンツ市、そして市民はその拠り所を見失っていた。オーストリア国内では3番目の人口を有する中核都市、経済的な中心地の一つではあるが、戦後のリンツを支えていた鉄鋼業はその存続が危機にさらされていた。しかもその鉄鋼産業は、過去にさかのぼると国家社会主義と戦争の記憶へと結びつく。

また、リンツはウィーンとザルツブルクという二つの隣接する歴史都市と比べると、明確な強みをもちにくかった。首都ウィーンはヨーロッパ文化の中心地としての長い歴史をもつヨーロッパ有数の世界都市、ザルツブルクはモーツァルトの生誕地で音楽

アルスエレクトロニカの創始者、ハネス・レオポルトゼーダー

の都として知られ、夏のクラシック音楽祭は世界的にも知れ渡っている街だ。ウィーンもザルツブルクも、今では街なかの歴史地区は世界遺産にも登録されている。方やリンツの国際ブルックナーフェスティバルは、クオリティの高いクラシック音楽のイベントとして評価を得ているが、都市全体のスケールで見た時には、ウィーンとザルツブルクの総合力には引けを取ると言わざるを得ない。

そこでレオポルトゼーダーたちは、この状況をむしろ逆手にとった。過去に頼る必要はない、未来へ向かうのだ。その態度そのものを、リンツ市の「文化的アイデンティティ」に育てるのだと。

未来志向

未来志向で、前衛的な文化指向性は、当時のリンツ市民、とりわけ若い人々の間で芽生え始めていた。

1970年代後半ごろ、リンツはオーストリアにおいて、ロックやパンクなどポピュラーミュージックの街として若者たちに知られ、黒いロックバンドのTシャツを着たスティールタウン（鉄鋼の街）の子どもたちは、ザルツブルクのモーツァルトや、ウィーンのヨハン・シュトラウスではなく、新しいポップカルチャーに自分たちのアイデンティティを見出そうとしていた。アーティスト、ペインター、文学者などが街には多く、実験的で前衛的な新しい文化ムーブメントが若者たちに広がっていた。中世のクラシカルな歴史、上の世代がつくりだしてきた社会に対する、いわばカウンターカルチャーのムーブメントであった。

新しい「シグナル」はいつでもこうした人々のリアリティのなかから生まれてくる。
――それまで、この街の若者の多くには、高校を卒業した後、鉄鋼会社の工場で働くことしか道はありませんでした。何を学べば良いのか、どんな仕事をすれば良いのか、そんなことはとても考えられなかった。もしもそれ以外に道があるとしたら、それはただ一つ、〝Let's leave this City（この街を出よう）〟。それだけだったのです。随分そんな時代が長く続いていました。（クラウス・ルーガー／リンツ市長）
アルスエレクトロニカは、こうしたリンツの若者たちに生まれつつあったムーブメントを母胎としながら、市民全体に向けて、より多くの人々を巻き込み、街の新しい発展の方向性へ転換させていくために仕掛けられた、まさに新しい「シグナル（合図）」だった。

3 第1回アルスエレクトロニカ

市民を巻き込むフェスティバル

第1回アルスエレクトロニカ・フェスティバルでは、
・コンサート、パフォーマンス、カンファレンス、エキシビション、その垣根を取り払ったフェスティ

バルをオーガナイズすること

・1人でも多くの市民と街全体を巻き込むこと

・既存のセクターごとの縦割りの境界線を揺さぶること

がその方針として掲げられた。

——アートとテクノロジーだけだと狭くて限られている。もっと市民に広げなくてはならない。市民全員が未来に向かわなければ、この街は変わらない。そのことが最も重要なポイントでした。できる限り多くの市民が、コンピュータを中心とする新しいテクノロジーが塗り替えていく生活の姿を体験できる機会をつくりたいと私たちは考えたんだ。（ハネス・レオポルトゼーダー）

こうした構想のもとで、電子音楽のパフォーマンスやオープンディスカッションの他にも、市民参加によるプログラムが実施されている。それらは、街なかや市民の憩いの場所として親しまれているドナウパークなどで実施された。

例えば、住民たちがラジオ受信機をもち出し、一斉に同じ周波数にあわせて、ラジオから流されるクラシック音楽を聴くというパブリックイベント。家々が、街全体がスピーカーとなって、1曲の音楽を奏でる企画だった。窓をあけて、ラジオを置いて、市民がアントン・ブルックナーの楽曲を奏でる。リンツ市全体を音楽の街に変えてしまうコンセプトだ。

ロボットをリンツに招待するアイデアはレオポルトゼーダーが偶然テレビでロボットを見てひらめいた。

上：クランク・ヴォルケ（音の雲）の様子（1979）
下：ロボット「SPA12」はカナダのトロントからリンツまで運ばれてきた（1979）

カナダのトロントでつくられた「ＳＰＡ12」という名のロボットを彼は探し出し、リンツ空港まで空輸することを計画した。彼は市庁舎に出向き、リンツ市長に「ようこそ、リンツへ」と言って、空港でそのロボットを出迎えるよう頼み込んだ。当日、空港にはレッドカーペットが敷かれ、ロボットを出迎えるリンツ市長の姿は、全国にテレビ放送された。

そしてハイライトとして企画されたのは、ドナウ川沿いのオープンスペースでのライブイベント。ブルックナー交響楽団の演奏が、エレクトロニック・ミュージック（電子音楽）とリミックスされ、詰めかけた10万人の市民に向けて巨大なスピーカーから流された。ドナウ川上空には鏡を付けたバルーンが上げられ、そこにレーザーを投射するという演出が加えられた。このプログラムは「クランク・ヴォルケ（音の雲）」と名付けられ、企画内容は毎年変わりながら現在でもアルスエレクトロニカ・フェスティバル開催期間中の市民参加イベント、いわば街の風物詩として愛されている。

――クランク・ヴォルケのアイデアを思いついて、みんなに話した時は、まったく気がおかしくなったんじゃないかって言われたよ。音楽会はコンサートホールでやるものだと言う連中もいた。指揮者は絶対にリンツには行かないぞって怒りだしたし、さまざまな関係者と随分議論もしあったよ。

（ハネス・レオポルトゼーダー）

最終的に、第1回目のアルスエレクトロニカ・フェスティバルでは、ロボット、ラジオ、シンフォニー、電子音楽、市民参加、シンポジウム、野外ライブ、さまざまな要素がパッケージされた。こうしたパブリックスペースや日常の生活空間を活用して、社会実験とも言える挑戦的なアプローチをとる方法論は、現在のアルスエレクトロニカの活動に一貫して流れる基本原理ともなっている。

「クランク・ヴォルケ」には、最終的に10万人が集まり、フェスティバルは大成功となった。この様子は、メディアでも取り上げられ、ドイツのある雑誌には、「スウィンギング・トニー」(「スウィングするブルックナー」という意味。トニーとはアントン・ブルックナーの愛称)という見出しが躍った。フェスティバルは、この街の未来の方向性を指し示す新しい「文化的なシグナル」を鮮烈に発信し、当時、リンツ市が計画したさまざまな経済、文化、社会の再整備を牽引するムーブメントをつくりだしていった。しかも、そのスタートは、アーティストたちが主導する極めて実験性の高いプログラムであったのだ。

アルスエレクトロニカの革新性——コンピュータを生活文化の力として据える

1970年代後半から80年代にかけて、芸術文化と科学をテーマとするアートフェスティバルや文化イベントは、ヨーロッパ、アメリカ、世界各地でいくつも開催されている。情報革命による脱工業化・脱産業社会の到来を唱えたアメリカの未来学者、アルビン・トフラーの『第三の波』が出版されたのも1980年である。アーティストや科学者たちは、こうした社会変化に敏感に反応した。アルスエレクトロニカのスタートもこうした大きな潮流のなかで芽生えた一つの動きだとも言える。

しかし、具体的に「コンピュータ」を新しい生活文化として捉え、その可能性を一般市民に体験させることで、地域社会全体をシフトさせようという目的をもって始まった点において、アルスエレクトロニカ・フェスティバルは画期的であった。

そのアイデアには、当時のリンツ市が、市の経済・社会再生計画として描いていた方針と見事に一致した。社会がまだ価値付けできていない新しい発想や視点、これから未来に起ころうとする新しい社会、文化の変化を先取りするという発想が受け入れられたのは、そこに産業の振興、高い失業率の解消と雇用の創出をはじめとする、街の持続可能性に関わる切実な状況があったことが大きい。

また、若い世代やアーティストが発信する新しい「文化的シグナル」を増幅するアイデアは、放送局で働くレオポルトゼーダーのセンスや思考が影響していたのではないだろうか。それはまさに「メディア」の仕事に他ならない。国営放送局のマネージャーという彼の立場があってこそ、実験的な取り組みが可能であったに違いない。当時のオーストリアのテレビ局は2チャンネルしかなく、いずれも国営放送局の運営、もちろんインターネットなど存在しない時代。テレビ局のもつパワーの大きさは容易に想像できる。

しかし、そのことを加味しても、やはりそこには、レオポルトゼーダーたちをはじめとする人々のなかの社会システムの変革を願うモチベーションと情熱がなければ何も始まらなかったはずだ。彼らが提唱した「アート、テクノロジー、社会」というコンセプト、つまり、「技術革新が進んだ未来社会のなかで、人はどんな風にして暮らしていくのか」という問いは、市民に切実さをもって共有される大きな「問い」であったのではないか。常に変化は「問い」をもった個人のなかから生まれるのだ。

若く、革新的で、未来志向の都市

市民から生まれたムーブメントを後押ししてきた行政の姿もある。１９８８年、リンツ市はフランツ・ドブシュを新市長として迎え入れた。弱冠36歳、第二共和国の歴史上、最年少の市長は就任当初から社会問題であった大気汚染の改善、市民の基本的な生活環境の改善、あらゆる市民層の社会参加等、産業政策、教育、文化、環境、社会保障を切り分けず、経済成長と社会政策を一体で進めると打ち出した。

実際の市政運営においても、市民の行政へのアクセシビリティを高める姿勢や具体的な施策も打ち出している。１９５０年代生まれの若い市長は、リンツの新しい世代を象徴する存在で、前の世代に当たる30年代の国家社会主義や、40年代の第二共和国の時代とは異なる価値観を志向した。大学に行き、学び、働き、食べ、生きることを謳歌し、自分たちらしい新たな街をつくろうという夢を強くもっていた。物質的に豊かになることよりも、人生とは何かを深く探求する生き方を選ぼうという世代だった。ドブシュは市長を務める傍ら、リンツ市の財政、教育、憲法委員会の委員長をも務め、２０１３年に市長を引退。26年におよぶ在任期間は19世紀半ば以降の市長のなかでは最も長い。

アルスエレクトロニカとリンツ市の地域文化振興政策の発展

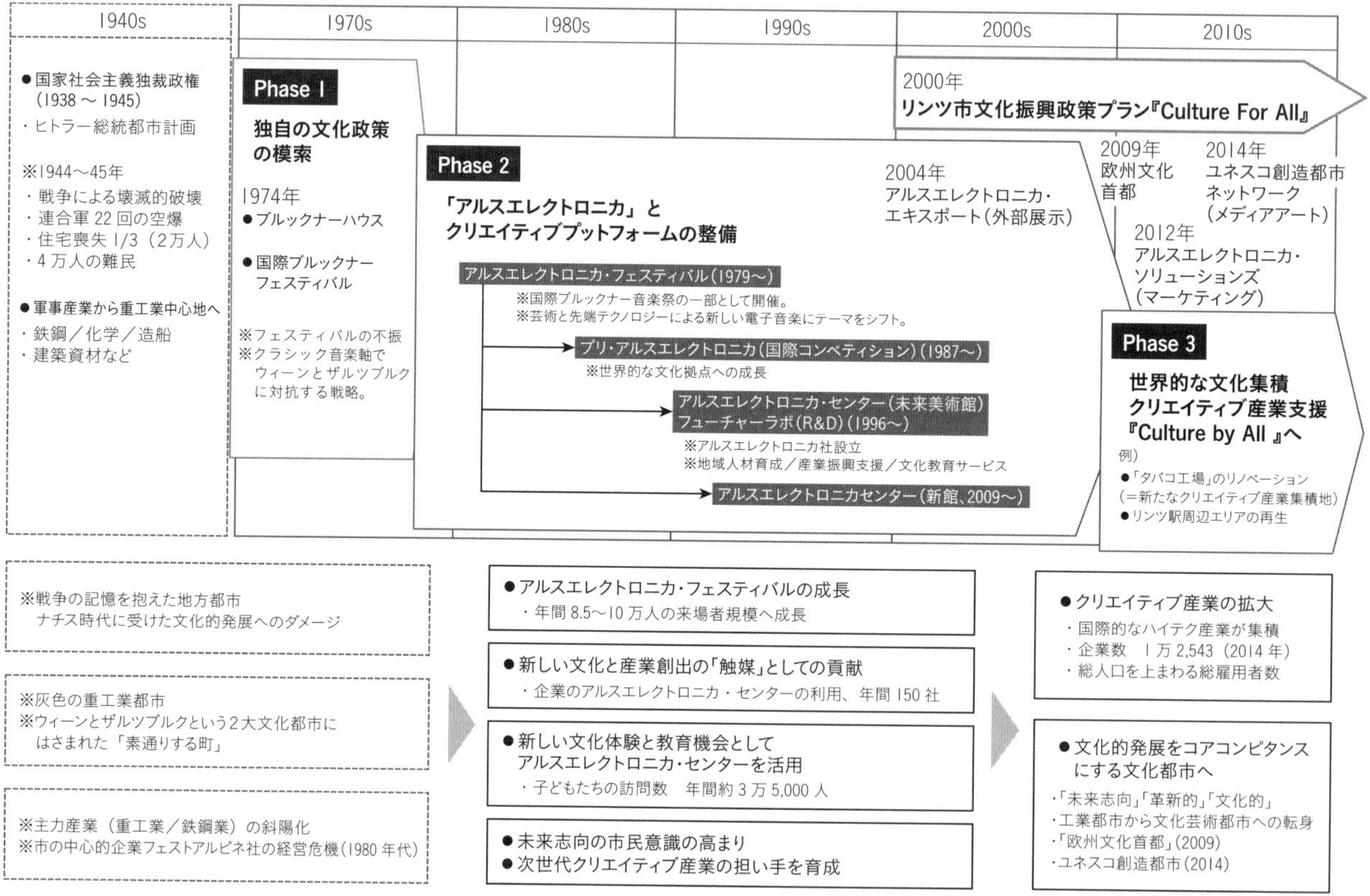
1940s
1970s
1980s
1990s
2000s
2010s
リンツ市の文化政策
●国家社会主義独裁政権（1938 ～ 1945）
・ヒトラー総統都市計画
※1944～45年
・戦争による壊滅的破壊
・連合軍 22 回の空爆
・住宅喪失 1/3（2万人）
・4 万人の難民
●軍事産業から重工業中心地へ
・鉄鋼／化学／造船
・建築資材など
Phase 1
独自の文化政策の模索
1974年
●ブルックナーハウス
●国際ブルックナーフェスティバル
※フェスティバルの不振
※クラシック音楽軸でウィーンとザルツブルクに対抗する戦略。
Phase 2
「アルスエレクトロニカ」とクリエイティブプットフォームの整備
アルスエレクトロニカ・フェスティバル（1979～）
※国際ブルックナー音楽祭の一部として開催。
※芸術と先端テクノロジーによる新しい電子音楽にテーマをシフト。
プリ・アルスエレクトロニカ（国際コンペティション）（1987～）
※世界的な文化拠点への成長
アルスエレクトロニカ・センター（未来美術館）
フューチャーラボ（R&D）（1996～）
※アルスエレクトロニカ社設立
※地域人材育成／産業振興支援／文化教育サービス
アルスエレクトロニカセンター（新館、2009～）
2004年
アルスエレクトロニカ・エキスポート（外部展示）
2000年
リンツ市文化振興政策プラン『Culture For All』
2009年
欧州文化首都
2014年
ユネスコ創造都市ネットワーク（メディアアート）
2012年
アルスエレクトロニカ・ソリューションズ（マーケティング）
Phase 3
世界的な文化集積
クリエイティブ産業支援
『Culture by All 』へ
例）
●「タバコ工場」のリノベーション（＝新たなクリエイティブ産業集積地）
●リンツ駅周辺エリアの再生
地域社会への貢献と経済効果
※戦争の記憶を抱えた地方都市
ナチス時代に受けた文化的発展へのダメージ
※灰色の重工業都市
※ウィーンとザルツブルクという2大文化都市にはさまれた「素通りする町」
※主力産業（重工業／鉄鋼業）の斜陽化
※市の中心的企業フェストアルピネ社の経営危機（1980 年代）
●アルスエレクトロニカ・フェスティバルの成長
・年間 8.5～10 万人の来場者規模へ成長
●新しい文化と産業創出の「触媒」としての貢献
・企業のアルスエレクトロニカ・センターの利用、年間 150 社
●新しい文化体験と教育機会として
アルスエレクトロニカ・センターを活用
・子どもたちの訪問数　年間約 3 万 5,000 人
●未来志向の市民意識の高まり
●次世代クリエイティブ産業の担い手を育成
●クリエイティブ産業の拡大
・国際的なハイテク産業が集積
・企業数　1 万 2,543（2014 年）
・総人口を上まわる総雇用者数
●文化的発展をコアコンピタンスにする文化都市へ
・「未来志向」「革新的」「文化的」
・工業都市から文化芸術都市への転身
・「欧州文化首都」（2009）
・ユネスコ創造都市（2014）

INT RVIEW

ハネス・レオポルトゼーダー

［アルスエレクトロニカ共同創始者］

私が１９７８年に放送局のマネージャーとしてリンツに移り住んできた頃は政治部のジャーナリストだったんだ。アルスエレクトロニカは当時の仲間とつくりあげたもので、作曲家のフーベアト・ボグナーマイヤーは電子音楽のパイオニアだったし、サイエンス・フィクション作家のヘルベルトはシンポジウムやエキシビションのサポートを、プロデューサーのウルリヒ・ルッツェルがマーケティングを担当した。

他にもブルックナーハウスのメンバーが協力してくれたし、政治家も我々のアイデアを信じてくれた。タイミングも良かったが、大切なのは一緒に議論をする仲間をもつことだ。この街に来た頃は、自分に何ができるかずっと考えていたよ。でも今はもう、この街は未来に向けて進んでいると誰もが言える。

次の大きな潮流はと聞かれたら、ロボットと新しいマテリアルだと答えるね。新しい生活を生み、未来を変える力になるはずだ。もちろん技術的イノベーションだけでなく、人間らしさとは何かという問いが一層重要になるから、議論が必要だ。テクノロジーは時に戦争のように人々の脅威になり得る。だけど少しでも早くそのことに気付けたら、それを回避し、良い方向に進めるかもしれない。

歴史から学ぶべきことはとても多い。でも本当のところ、私自身は歴史がそれほど面白いとは思っていないんだよ。過去よりも未来、前にあるものにずっと関心があって、それが私のパッションをつくってきたんだ。

Episode アルスのDNA

アート、テクノロジー、社会

アルスエレクトロニカの進化を振り返ると、いくつかの特筆すべき重要なポイントがあります。それらはアルスエレクトロニカがどうして生まれ、そしてどのように発展してきたのかを雄弁に物語ってくれています。

まず、1979年の最初のフェスティバルが人口20万人にも満たないこ こリンツで始まったこと。IBMのパーソナル・コンピュータ（PC）が市場に出るよりさらに2年も前のことです。国際的アートシーンで有名な大都市でも、研究や技術のホットスポットでもなく、むしろ鉄鋼の街として環境問題に苦しみ、重工業の経済的成長危機に瀕した、オーストリアの小さな街で。

さらに驚くべきことは、最初からそのコンセプトが「アート、テクノロジー、社会」のフェスティバルと明確に表現されていたことです。この三つのキーワードのトライアングルは現在のアルスエレクトロニカのテーマを完璧に表現しています。コンピュータや電子機器が社会と文化に影響をもたらすと言及したのは根本的に新しく、勇気あるアプローチでした。その有効性は時を経た今だからこそ分かります。「新しく」「最先端」であったのは、テクノロジーそのものではなく、アートを社会の発展とイノベーションを形作る要素として位置付けたことでした。

その後、このコンセプトはリンツの街の改革テーマとしても認識され、促進されてきました。現在、アルスエレクトロニカが街の新しいアイデンティティの中心的要素であり、街に住む人々のプライドとなっていることは、アート、テクノロジー、社会を掛け合わせたコンセプトが正しかったことを裏付けています。

（ゲルフリート・ストッカー／アルスエレクトロニカ社社長、芸術監督）

第2章

公営企業としてのアルスエレクトロニカ

アルスエレクトロニカ・フェスティバルのオフィス

1 パブリック・カンパニー

「アルスエレクトロニカ」とは、リンツ市が所有する公営企業、アルスエレクトロニカ社（Ars Electronica Linz GmbH）が手掛ける、さまざまな文化・教育事業の総称である。アルスエレクトロニカ社は１９９５年の設立以降、毎年9月に開催される「アルスエレクトロニカ・フェスティバル」、それと連動した国際コンペティション「プリ・アルスエレクトロニカ」、リンツ市の文化教育施設である「アルスエレクトロニカ・センター」の運営、こうした活動を支える独自の研究開発チーム「アルスエレクトロニカ・フューチャーラボ」などの事業を通して、最先端の科学技術の潮流がもたらす新たな生活や文化創造の可能性をリンツ市民に届け、市民が社会変革を担う主体（アクター）となることを支援してきた。

アルスエレクトロニカ社は、社会的ミッションをもった事業体であり、リンツ市民に対する文化・教育面での社会サービスの提供が第一義の事業目的である。現在、年間予算のうち、約3割がリンツ市からの資金であり、残りの7割は社自身の事業収益が支えている。リンツ市民へのサービスという社会的なミッションをもち、その社会サービスの実現を、私企業的な経営努力によって実現していく事業モデルだ。

さらに独自開発した技術サービスを産業界などに提供している「アルスエレクトロニカ・ソリューショ

ンズ」、世界各地で展覧会やイベントの企画運営を行う「アルスエレクトロニカ・エクスポート」など、リンツ市内外、また海外の産業界や美術館などの文化機関との事業も行っている。リンツ市民への社会サービス部門、また営利部門は互いに連携しながら、そこで生みだされた収益は、アルスエレクトロニカ社の活動を財政面で支えるとともに、最終的にはフェスティバルやアルスエレクトロニカ・センターのサービスの改良やその質的向上など、リンツ市の文化・教育サービスのクオリティを高めるために活かされる。

市場における競争力、スピーディな経営判断など、市場原理をポジティブに取り入れる「公企業」（パブリック・カンパニー）のモデルは、経済成長と社会福祉を両立しようとするオー

アルスエレクトロニカ社内でその年のフェスティバル計画を議論するメンバー。右からマーティン・ホンツィック（フェスティバル・ディレクター）、小川絵美子（プリ・アルスエレクトロニカ・ヘッド）、小川秀明（フューチャーラボ／アルスエレクトロニカ・ジャパン・ディレクター）、ゲルフリート・ストッカー（アルスエレクトロニカ社社長、芸術監督）（2014）

ストリア、ドイツの「社会的市場経済」を実践する枠組みとして生まれた。質の高い社会サービスを、地域社会の人々の手によって実現しようとする「自治」の精神がバックボーンにある。

公営企業群「グループ・リンツ」

リンツ市は、市民への公的サービスを提供する公営企業を現在14社所有しており、これらは「グループ・リンツ」と呼ばれる、市のホールディングカンパニーを形成している。

「グループリンツ」の企業群には、エネルギー、水道、情報通信、教育、文化、スポーツ施設、交通機関、高齢者向け福祉サービス、幼稚園や保育施設、スポーツ施設の運営、市が所有するアパートメントや住宅、その他不動産に関するサービスなどがあり、それぞれの企業は連携しながら、市民に対して高品質かつリーズナブルな社会サービスを提供することをミッションとしている。市民の社会参加の実現、雇用機会の提供も大事なミッションの一つであり、若年層に対する教育、職業訓練のために300を超える施設を有し、知的障害者を含むさまざまな市民層に対する教育・就労支援も行っている。

実際、グループ・リンツ企業群全体では、1万人を超える雇用を生みだしており、リンツ市における最大の企業グループの一つである。

事業予算の内訳は同じグループ・リンツの企業群のなかでも異なるが、アルスエレクトロニカ社の場合は、年間予算の7割を自身の事業収益によって賄っている。「収益の達成」「株主への説明責任」に行動原理がある私企業では、営利追求と同時に社会的なサービスを完遂することは難しい。逆に、100%行政による運営だと、意思決定のスピードが遅いなど運営面での非効率性、サービスの質の向上の面での課題がやはり危惧される。「グループ・リンツ」という公営企業の仕組みは、その両方のメリットを合わせようとするものだ。公的ミッションと、私企業のマーケティング力とを活かしあう、ソーシャル・オリエンテッドなマーケティングカンパニーだと言える。

例えば、リンツ市100%所有であるが、アルスエレクトロニカ社のスタッフはリンツ市の職員ではなく、あくまでもアルスエレクトロニカ社に採用された社員である。実際のワークスタイルの面においても、フレキシビリティを高く保ち、スピーディーな意思決定によって事業活動を展開できる。社員の採用も、社内の判断で実施している。社会的なミッションを追求しながらも、運営面では企業としての自由をもって取り組むことができる。企業として、予算計画、資金運用、将来を見据えた投資、経営効率化は求められるが、運営資金以上の収益が期待されてい

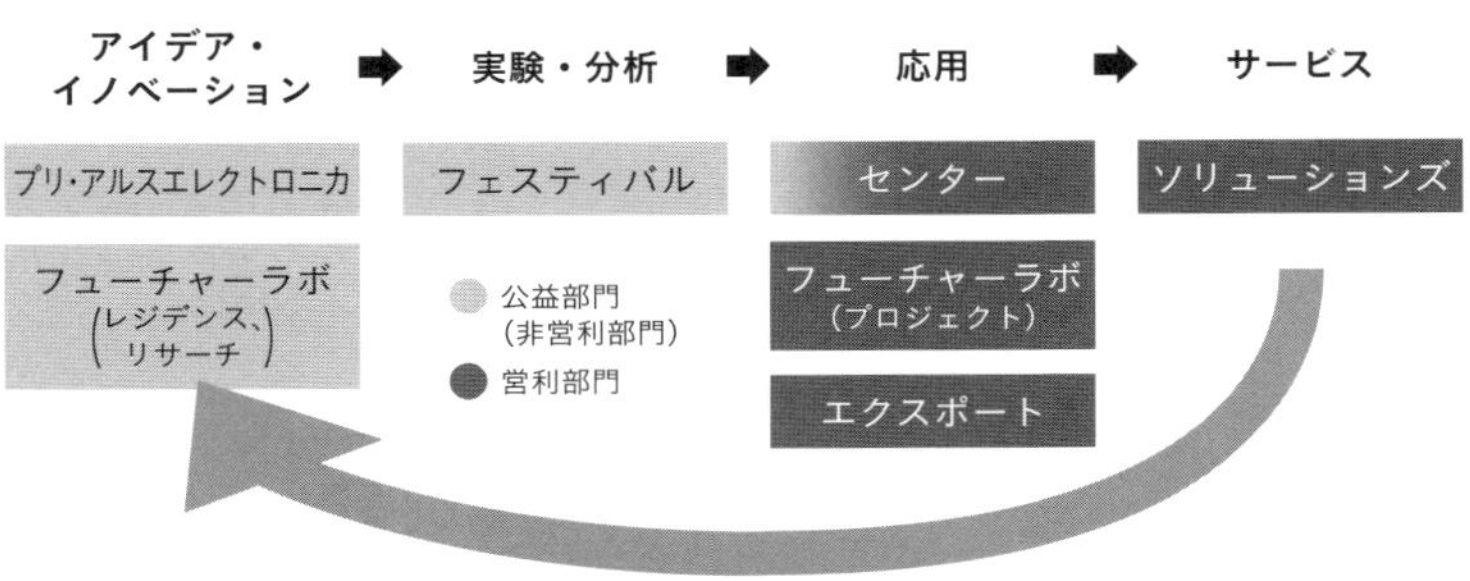

アルスエレクトロニカの組織図／公益（非営利）部門と営利部門

るわけではない。

実際に「グループ・リンツ」としての運営の仕組みは、リンツ市においては上手く機能しているという。社会的な関心やテーマを捉え、クリエイティブとマーケティング力によって社会サービスや事業として実現するハイブリッド型の企業運営のために、アーティスティック・ディレクター（芸術監督）と、ファイナンシャル・ディレクターという2人の社長体制をとっている。ゲルフリート・ストッカーと、ディトハート・シュヴァルツマイヤーがクリエイティブ面と財政面、それぞれの責任者として連携しながら運営を進める体制は、リンツ市の文化・教育関連の市営企業のなかでもユニークだ。こうした運営体制をとることで、リンツ市からも信頼を獲得している。

アルスエレクトロニカ社にはフェスティバルやセンターなど、街のパブリックスペースを使ったエキシビション、イベント、教育プログラムを持続的に提供できる基本的な活動の土台があり、公的なサービス事業者としての信頼性がある。独自の収益を求める企業努力は求められるが、この基本的な安定性があるために、逆にさらに実験的な研究開発テーマに取り組んでいくことを可能にしている。アルスエレクトロニカ社のように、市場では実現することが難しいとされる公共性の高いサービス、そしてその社会的公正の実現のために、公私共同企業という会社形態は日本にも存在する（公営でも民営でもない半公半民による事業体は、日本では「第三セクター」と呼ばれる）。しかし、公営と民営のどちらが効率的かという議論に終わらず、産業、教育、文化など領域を横断しながら、自治体外とも積極的に交流し、自ら新たな事業部門を創出するような事業体は、日本にはないのではなかろうか。

例えば、市民病院、市営地下鉄、動物園や水族園、観光施設など、個別の目的をもった公企業は日本にもあるが、あくまで公共部門側の意思に基づくものであり、そこには、アルスエレクトロニカ社や、リンツ市のグループ企業に見られるような、「自治」の精神を見ることはできないように思う。

——例えばアルスエレクトロニカ・フューチャーラボの独自の研究開発プロジェクトである「スペクセルズ（Spaxels）」（184頁参照）のような場合、最初の実験的な挑戦はまだ誰もその価値がわからないものです。しかし、その実験的な取り組みの先に、テクノロジーの新しい可能性を見つけだすことができます。そして、それは最終的に市民へも成果が届けられ、教育・文化サービスの質の向上につながります。市からの運営資金に頼り、センターの運営などの基本的な教育・文化サービスを提供するだけにとどめるというのではなく、自らが事業を展開することによって収益を獲得していくことで、新たな実験的なプロジェクトを立ち上げることが可能となります。私たちは、市民に質の高い文化体験と教育的な価値を届けることが何より一番大切な仕事です。もしも100％私企業である場合や個人投資家からの資金に頼っている場合には、まずそうした実験的なプロジェクトに着手したりすること自体が困難なのではないでしょうか。完全な私企業では、ビジネスとプロモーションが目的になってしまいますから。

（ゲルフリート・ストッカー／アルスエレクトロニカ芸術監督）

アルスエレクトロニカ社では、現在約150名のスタッフが働いている。それぞれの役割、興味関心があるとしても、とりわけ重要な責任のあるポジションにいるスタッフのなかでは、こうした市民のために、社会のために働くことへの意志が共有されている。

――彼らの多くが、実は個人としても稼ぐことができるほどのスキルと発想をもった人たちです。それでもアルスエレクトロニカ社で働こうとするのは、個人ではできないこと、社会的なインパクトがあり、社会を変えるような革新的な仕事に取り組みたいという思いがあるからです。私自身も同じです。技術的なイノベーションだけでなく、社会的イノベーション、文化的イノベーションを興すことへの情熱なのです。

（ゲルフリート・ストッカー）

アルスエレクトロニカ社の財政状況

近年のアルスエレクトロニカ社の財政状況を見てみると、年間予算は１５００万〜１６００万ユーロ（約18億〜19億円）、うちリンツ市からの支援は約３分の１にあたる合計４８９万ユーロ（約６億円）である。年間予算から公的資金を引いた金額12億〜13億円はアルスエレクトロニカ社独自の収益事業（センターやフェスティバルのチケットおよびカタログ売上を含む）を通して獲得している。アルスエレクトロニカ社の２０１５年総収益は前年より11・５％（１５０万ユーロ、約１・８億円）増加した１４６０万ユーロ（約17・５億円）。純利益は70万ユーロ（約０・８億円）で、売上総利益率は10％であった。[*1]

部門ごとでは、①アルスエレクトロニカ・センター、②アルスエレクトロニカ・フェスティバル、プリ・アルスエレクトロニカ、展覧会（センターびエクスポートによるもの）、③アルスエレクトロニカ・フューチャーラボ、④アルスエレクトロニカ・ソリューションズの四つの部署それぞれが、約4分の1ずつ（±5％程度の差はあるものの）収益に貢献している。

例えば、アルスエレクトロニカ・フェスティバルの総予算は約450万ユーロ（約5・3億円）だが、うちリンツ市、オーバーエスターライヒ州、オーストリア政府による公的資金が130万ユーロ（約1・5億円）、チケット売上やプロジェクトによる収益が110万ユーロ（約1・3億円）、現金以外の利益／パートナー団体によるスポンサー支援210万ユーロ（約2・5億円）である。

フューチャーラボは独自の研究開発テーマを探求するリサーチ&デベロップメント機能をもちながら、同時にその成果を産業や社会に還元することで収益を獲得するという収益部門としての側面ももっている。またフューチャーラボが行った新たな技術開発を、ソリューションズがサービスとして事業化している事例もある。このように、各部門はそれぞれのミッションをもちながら、お互いに有機的に連携しあい、アルスエレクトロニカ社の事業活動、また収益面においても協力しあっている。

2 アルスエレクトロニカの新たな事業部門

アルスエレクトロニカ・ソリューションズ

2012年に生まれたアルスエレクトロニカ・ソリューションズ（Ars Electronica Solutions）は、アルスエレクトロニカ社の収益部門の一つである。アルスエレクトロニカが蓄積してきたナレッジ、またフューチャーラボ部門が培ってきた独自の研究成果、メディア・テクノロジーを活かした独自のインタラクティブ・コミュニケーション開発力をベースに、産業界や文化機関などを対象とするビジネス・ソリューションを営利事業として行っている。

フューチャーラボは設立当初、地元の中小企業を中心にサポートしていたが、現在では徐々に国際的なパートナーとの協業も増え、営利部門としても大きく成長していった。また2012年には展示会デザインとブランドデザインを主に手掛ける新しい事業部門、アルスエレクトロニカ・ソリューションズが設立されている。

ソリューションズの事業は2015年には、世界8か国で65件のプロジェクトを受注し、総収入360

万ユーロ（約4・3億円）を獲得している。これは前年度の2014年より、35％（92・1万ユーロ、約1・1億万円）の増加という成果だった。[*1]

①ブランディング

ブランドのコミュニケーション戦略やシナリオ開発と、メディア・アートの発想やアプローチを活かしたブランド体験や展示会などの設計を行う。「ブランドランド」と呼ばれるこのサービスは消費者の購買行動の変化、小売店のデジタル化やモバイルショッピングの進化などの流れを捉えた、新しい「購買体験」を支援するサービス開発や新しい店舗のあり方の提案なども行っている。

②イベント&ショーデザイン

［アルスエレクトロニカ・ソリューションズのサービス事例］ブランディング
「ウムダッシュ・ラグ・ショッピングウォール・プロジェクト」
ヨーロッパの大手ショップデザイン会社ウムダッシュ・ショップフィッティング社、ファッション小売業者ラグ社、サムスン社と協力して、インタラクティブなショッピング・ウォールを開発。商品についたRFID（Radio Frequency Identification。電波を使って、RFタグのデータを非接触で読み書きする仕組み）コード経由でサイネージと連動させることで、ラグの商品を顧客がより詳しく閲覧することができる。実際に商品に触れて確かめる体験と商品の情報を瞬時に呼び出すオンラインの機能との融合によって、顧客により充実した商品購買体験を提供することが目的。店舗を訪れた顧客、またオンラインショッピングを利用する顧客のPOSデータも管理できる機能がラグ・ショッピングウォールには組み込まれている

リアルタイム3D、AR（Augmented Reality：拡張現実感）、VR（Vertual Reality：仮想現実）空間の開発、サウンド・デザイン、ビジュアライゼーション、商品プレゼンテーションのためのインターフェイス開発など、イベントやトレードショーの演出戦略とステージングを実現する技術開発支援を行う。

③都市メディアの開発

都市空間、公共空間におけるメディア環境の開発。公共空間を利用する人々に対して、膨大な情報をいかにスムーズに伝達・理解を促すことができるかについて、専門的な研究開発を行っている。

アルスエレクトロニカ・エクスポート

2004年には、世界各地でのエキシビション、カンファレンス、ワークショップなどの制作を手掛ける新しい事業部門「アルスエレクトロニカ・エクスポート（Ars Electronica Export）」が設立された。アルスエレクトロニカがこれまでのフェスティバル、国際コンペティションなどを通して培ってきた国際的なネットワーク、アートとテクノロジー関する最新のリサーチ成果などを他の国や都市で開催されるアートイベント、カンファレンスなどに提供することがその主な目的だ。

エクスポートが手掛ける事業も、世界各地の文化機関、教育機関や産業界、アーティスト、科学者をはじめ、芸術文化、科学技術、教育、産業界など多様なセクターとのパートナーシップを通して実施されて

［フューチャーラボとソリューションズの協力プロジェクト例］都市メディアの開発
「ツァイト・ラウム（時間と空間）」プロジェクト
フューチャーラボが開発したメディア建築をソリューションズが新しいコンテンツを加え、空港に常設物として再構成しメンテナンスも行なっている。「ツァイト・ラウム」とは「時間と空間」という意味。空港とは「新しい体験へのゲートウェイである」というコンセプトで、ユニットで組まれたさまざまなカタチの「ツァイト・ラウム」が空港内の空間を再構成し、例えば就航先のアーティストからメッセージが届くというような、世界各地のアーティストとのコラボレーションにより、絶えず新しい文化と出会うゲートウェイとしての空港コンセプトを具現化している。「実は、世界各地の空港が利用者に提供しているムードやコミュニケーションが、全世界でどこも非常に似通っているのでは？」という問いからこのアイデアは生まれているという。空港という「場」がもつコンセプトや有り様を刷新できるかどうかをテーマに開発されたおり、アルスエレクトロニカとリンツ市にとって、国際的なネットワークの拡張に大きな役割を果たしている。またこれまでに、エクスポート部門が手掛けた展覧会やプログラムは、ドイツ、スペイン、イタリア、ギリシア、ロシアといったヨーロッパ大陸の各国だけでなく、ブラジル、メキシコなどの中南米、またアジアでは、シンガポール、台湾、タイ、カタール、そして日本においても開催されている。

パートナー企業のコンサルティングや、新しい技術を活用したプロトタイプの開発に特化したフューチャーラボに加えて、イベント、ショーデザインなどのサービス開発を行なうソリューションズ、世界各地で展覧会やイベントの企画運営を行う「アルスエレクトロニ

［アルスエレクトロニカ・エクスポートのサービス事例］
「アース・ラボ―触媒としてのアーティスト」（モスクワ、2016）
地球という惑星そのものを未来の実験室と見立て、ポリテクニック・ミュージアムで開催された展示会。1972年にモスクワで設立された世界で最も古いサイエンスとテクノロジーの美術館である。宇宙ゴミから食料問題まで、今後の地球の将来に影響を与える要因を取り上げた。写真は展示作品の1つ。コンピュータ制御の電気モーターによって、自律的に動き続けるいくつもの赤いドレスたち。ファッションと空間、身体性とテクノロジーとの関係性をテーマとしたプロジェクト

カ・エクスポート」といったこれらの部門は、リンツ市民への公的サービスを提供する他の部門とは異なり、アルスエレクトロニカ社の重要な収益部門として、積極的にリンツ市外のビジネスパートナー獲得を目指している。

クリエイティブエコシステムをつくりだす力

アルスエレクトロニカ社の、社会的なサービス部門（フェス、センター、ラボなど）と収益事業（ラボ、ソリューションズ、エクスポートなど）とのハイブリッド型の事業展開であることとの独自性は、各部門や事業が提供できる価値を、それぞれの部門のビジネスパートナーに提供することを可能とする。例えば、フューチャーラボのリサーチパートナー

［アルスエレクトロニカ・エクスポートのサービス事例］
ギリシアのオナシス文化センターアテネで開催された「ハイブリッド」展（2016）。ローレン・マッカーシー、カイル・マクドナルドによる作品「ソーシャル・ソウル」は、他の誰かのソーシャルメディアの中に迷い込んだらどんな風に感じるだろうか？　その後、その人との関係はどう変わるだろうか？　という問いから生まれた

や、ソリューションズ部門のビジネスパートナーである企業が、フェスティバルに参加することで、未来志向のインスピレーションを獲得する機会を提供したり、あるいはアルスエレクトロニカ・センターのためにラボが開発した新しいインタラクティブ技術を、ソリューションズ部門がビジネスパッケージとして企業に提案したりということが随時行われている。フューチャーラボはリンツ市民に向けた社会サービス、また収益部門を通して社会実装されていく新しい技術開発を行うことで、社会サービスと収益サービスの両面を橋渡しする存在だ。ビジネス的な関係だけでなく、アート&テクノロジーの今後の可能性をともに考えるパートナー的存在に育っていくケースも見られる（第6章参照）。世界各地の文化機関や産業界を巻き込み、業界や立場を超えてつないでいくことで、いわば、アート&テクノロジーに関する大きな生態系（エコシステム）をつくりだす力になっているのも、こうした社会的なサービス部門と収益事業（ラボ、ソリューションズ、エクスポートなど）とのハイブリッド型の事業体であることによるものだと言える。

［注］

＊1　資料：https://www.aec.at/press/en/2016/02/22/14959/

INTERVIEW

マーティン・ヒーゼルマイヤー

［アルスエレクトロニカ・パブリックリレーション／コミュニケーション部門］

　アルスエレクトロニカのプレスチームスタッフは全部で3名。プレスリリースやジャーナリスト対応を担当する責任者と、そのアシスタント、そしてブログやソーシャルメディアなどコンテンツを含めたウェブサイト作成を私が担当しています。デザインも、写真やビデオ撮影もします。毎年フェスティバルが始まる2か月前にはパートタイム2名が加わりチームを増強して取り組みます。

　ここでは芸術監督がまずヴィジョンを示します。フェスティバルに関してはその年のテーマについて1時間程のレクチャーがあり、その後、それぞれのチームがすべきことを考えるんです。何が人の興味を惹き付けるのか、どうすれば人に届くのか、プレスには何ができるのか？　毎年同じことはありえないし、やるべきことのリストがあるわけではないので、メンバーは自分自身で考えて動いていますね。

　テクノロジーが僕たちの生活や文化、社会に大きな影響を与えます。それをどうやってポジティブなものにしていくことができるのか。自分たちの生活の一部であることを誰もが強く認識しています。そのことが結局は、ワークスタイルにもつながってくるんです。

　私自身はリンツ出身で、デザイナーとして国営放送局に勤め、大学でメディアを学び直した後、10年ほど前に妻と子どもと一緒に戻ってきました。リンツは自然も近く、小さな街だから人にすぐ会えて、ウィーンに比べるとパーフェクトなサイズですね。

Episode
アルスのDNA

「市民参加」

アルスエレクトロニカの創始者たちは新しいメディアテクノロジーの可能性に熱中していましたが、彼らが始めようとしていた街の改革には広く市民を巻き込む必要があることも、最初からわかっていました。

1979年、最初の「フェスティバル」ではドイツのアーティスト、ヴァルター・ハウプトのアイデアをベースにした大規模な公共イベント「クランク・ヴォルケ」に10万人が参加し盛況をおさめています。

さらに、クランク・ヴォルケの音楽を公共ラジオで放送した際には、人々にラジオを窓辺に置いてもらい、町中の道路や広場に鳴り響かせるという素晴らしいアイデアが実現しました。何千もの人々が参加した状況は、今でいうソーシャルメディアそのものでした。そして、伝説的な1994年の「アレス・シュピール（みんなで遊ぶ）」は超大型の観客参加型プロジェクトで、4,000人もの人々が中央広場に集まりました。

このように、真剣な「市民参加」はアルスエレクトロニカのDNAに組み込まれ、すべての活動の土台となっています。それはアルスエレクトロニカ・センターのコンセプトにも影響しています。1993年、市議会はアルスエレクトロニカの地道な貢献の成果として、センターの建設を決定し、アルスエレクトロニカ社を設立したのです。それによって、すべての活動が集約され、1年を通じて誰もが訪れる場所ができ、会社組織によって活動のインパクトを増大させる可能性が生まれ、さまざまなコミュニティの要望に効率的に応えられるようになりました。これは、アルスエレクトロニカが単に文化イベントを行うだけでなく、街の発展におけるアクティブなプレーヤーとなることを市から期待されていることの表れなのです。

（ゲルフリート・ストッカー／アルスエレクトロニカ社社長、芸術監督）

アルスエレクトロニカの挑戦

第3章

［挑戦1］

フェスティバル

市民のためのクリエイティビティ

旧郵便配送センター跡地をメイン会場にした2015年のアルスエレクトロニカ・フェスティバル

1 市民一人ひとりをアクター《主役》に

地域社会の再生という命題をもつアルスエレクトロニカ社の活動は、1979年のアルスエレクトロニカ・フェスティバルの運営から始まったもので、現在でもフェスティバルは彼らの事業の大きな柱となっている。

今ではトップレベルのアーティストや研究者が世界中から集まる芸術祭へと成長しているが、当初から行政が具体的なシナリオを描いていたわけではなく、むしろ鬱憤した社会状況のなか、カウンターカルチャーのムーブメントとして、市民が始めた実験的なイベントに端を発しているのは前述のとおりだ。1979年の初回が成功を収めることで、翌年から1986年まではビエンナーレ形式で継続的にフェスティバルは実施された。1987年以降は、その年から始まった国際コンペティション「プリ・アルスエレクトロニカ」の受賞作品展がメインプログラムの一つとして加わり、毎年開催されるに至っている。また1995年にアルスエレクトロニカ社が設立されると、以降は同社を中心にリンツ市、オーバーエスターライヒ州、LIVA社（ブルックナーハウスを運営するリンツ市の公営企業）、オーストリア国営放送局、オーバーエスターライヒ州が運営するOK現代美術センター（The OK "Offenes Kulturhaus"）との共催で運営されるようになった。フェスティバルは公的な助成金と、チケット売上やプロジェクトによる収益、そしてフェスティバルに参加する企業などのパートナーからのスポンサー支援などによって賄われ、合計年間約450万ユーロ（約5・4億円）規模だ。またフェスティバルの芸術監督は、アルスエレクトロニカ社のゲルフリート・ストッカー、そして共同プロデューサーを、クリスティーネ・ショプフが務めている。

市民を巻き込む多彩なプログラム

アルスエレクトロニカ・フェスティバルは、特定の技術や製品をプロモーションするための産業イベントとはまったく異なる。国際コンペティション「プリ・アルスエレクトロニカ」の受賞作品をはじめ、世界各地からアーティスト、科学者、研究者、企業、起業家、社会活動家など、さまざまな人々が今まさに取り組んでいる最新のアイデアや方法論、研究成果が、分野横断的かつ極めてフラットな視点で集められる。

テーマエキシビション、カンファレンス、レクチャー、ワークショップ、コンサート、パフォーマンス、アニメーションフェスティバルなど、毎年5日間の開催期間中に、大小あわせて500を超えるプログラムが実施され、近年そのプログラム数は年々増加する傾向にある。

トップクラスのアーティストたちによる展示やパフォーマンス、世界各地の研究者が繰り広げる高度な専門性や先端知が飛び交うカンファレンスから、小さな子どもたちや家族連れが楽しみながら参加できるワークショップまで、すべてがフラットに並び、参加者の興味にしたがって、さまざまな入り口が用意されている。

対象とするトピックスも幅広い。1970年代後半から80年代にかけては、電子音楽、コンピュータ・グラフィックスなど「コンピュータ文化」を中心に新しいテクノロジーが生みだす文化発展の動向が取り上げられたが、現在は、インターネット、モバイル、ユビキタス技術などのICT（＝インタラクティブ・コミュニケーション・テクノロジー）を利用したインタラクティブ・アート、アニメーションやデジタル映像、デジタル音楽、エデュテーメント（教育×エンターテインメント）、ロボティックス、仮想現実（ヴァーチャルリアリティ）をテーマにした作品、バイオテクノロジー、新しいマテリアル、またデジタルテクノロジーが実現する新たな公共サービスやビジネスソリューションの先駆的なケースなど幅広い領域から、分野横断的に取り上げられている。科学技術を通して、社会に対して新たなヴィジョンや可能性を提案するものすべてがこのフェスティバルでは対象とされている。あくまでも時代変化のなかで、今「アート、テクノロジーが、社会のために何が可能なのか」を人々とともに考えるための場（＝フェスティバル）なのである。

行政による公的支援という要因も勿論大きいけれど、こうした人とテクノロジー、社会というマルチアングルから常に新しい潮流を見つけだそうという探究心、チャレンジ精神が、このフェスティバルの何十

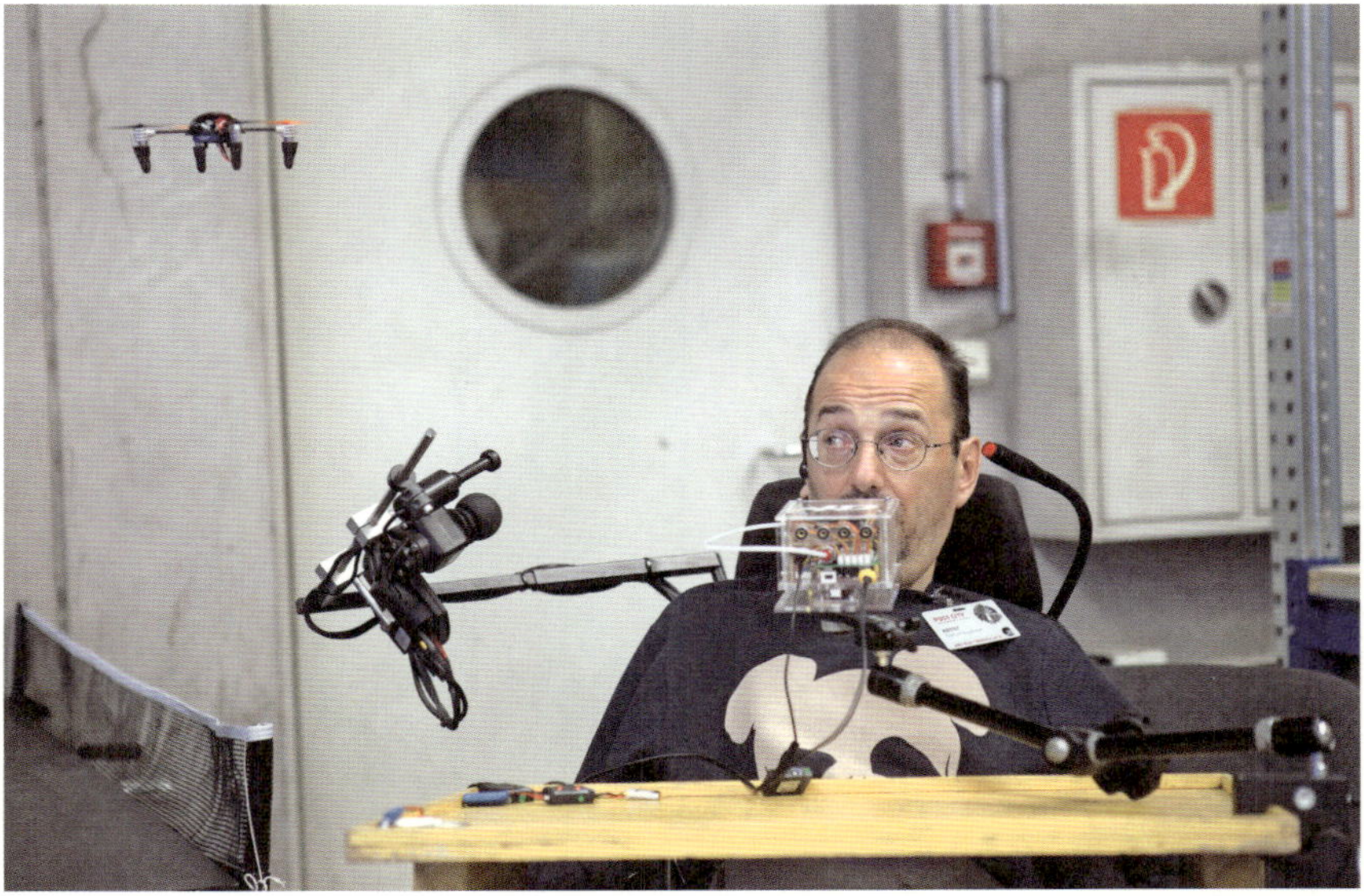

上：運動障害をもった人々のテクノロジーへのアクセスを支援する若者グループによるデモンストレーション（2015）
下：ベネトンの広告キャンペーンで知られる、オリビエーロ・トスカーニ氏を囲んだ屋外レクチャー（2014）

年にも渡る継続性を実現してきたと言えるだろう。

日常の生活空間を実験場に変える

毎年9月初旬の数日間に開催されるフェスティバルは、2016年で37年目を迎え、来場者は9万人におよんでいる。最先端かつ高度なテーマを取り扱いながら、それを徹底的に「市民」の立場にたち、コミュニケーションしようとする努力にいつも驚かされる。

例えば、会場として利用される場所は、美術館やコンサートホールだけではなく、中央広場やドナウパークなどの公園、市街地の商店街などの、市内の公共空間が活用される。むしろ文化施設から街なかへと飛び出し、市民が暮らしている現場に未来へのインスピレーションをもち込もうとする。街なかに入り込んでいくことで、アートやテクノロジーにさほど興味のない人たちをも含めて、多様な市民を巻き込んでいこうとする。地域社会全体がもつ創造的な感性、変化を柔軟に受け取るためには人々の暮らすリアリティのなかへ出ていき、日常の生活空間を未来の実験場にする、という意図がある。アートの空間に市民を入れ込むのではなく、むしろ逆に日常のなかに、未来を、アートを介入させていく。

会場全体は、極めて雑多で混沌としたカオス的な状況をあえてつくりだすことによって、アーティスト、各領域の専門家、市民が相互に出会い、交わる可能性を高める工夫がなされている。最先端の事例や完成

上：腕や足の動きに追従して動くリンク機構を用いることで、人間の四肢の動作をダイナミックに拡大する動作拡大スーツ「スケルトニクス」（日本）によるデモンストレーション（2014）
下：展示だけでなく多彩なシンポジウムや会議も行なわれる（2016）

されたパッケージを展示するのではなく、そこに偶然性や余白をもち込むことで、それぞれの参加者が自由な発想を広げる機会を用意する。

そこにも、参加者を「観客」として捉えるのではなく、あくまでも社会の変化を担う主体として巻き込み、各人の創造性の発露を励ますフェスティバル運営側の姿勢に理由がある。会場の環境設計、全体のプログラム構成、各プログラムのテーマ設計、ゲストや登壇者の組み合わせ、スケジュール計画、各展示における作品ガイダンス一つのテキストレベルまで、こうした「市民」目線は、隅々にまで緻密に行き渡っている。

違和感や疑問を恐れない態度

このフェスティバルは、単に多様なプログラムを用意したり、「誰でもわかる」レベルに揃えるのではなく、わからないことをも含めて提示する。違和感を覚えること、疑問をもつことを積極的に奨励する。そこから新しい創造が生まれるからだ。カオティックに見える、また手づくり感あふれる会場設営、ちょっと学園祭的な環境の設計は、そこに誰もが参加できそうに感じる「余白」を生みだしている。

こうしたプログラムとフェスティバル構成を実現するには、運営側の経験値とスキルが必要とされる。これも、37年に渡る、さまざまなトライ&エラーの成果として、フェスティバル運営者側に蓄積されてき

ドナウパークで屋外イベント「クランク・ヴォルケ」の開始を待つ市民たち。
毎年10万人近くの市民が集まる（2016）

上：リンツ市内のショッピング・アーケイド内に設置された展示作品を案内する、フェスティバル・ディレクターのマーティン・ホンツィック（2014）
下：2015年にフェスティバル会場として利用された旧郵便配送センター跡地は、その後2016年にかけて難民キャンプとして使われた。リンツ市に滞在した約6万人の難民と同じ数の花をしきつめて、難民の記憶を表現した展示（2016）

近年のフェスティバルテーマ

2000年	「ネクスト・セックス　～その生殖力のある余剰の時代における性」 (NEXT SEX - Sex in the Age of its Procreative Superfluousness)
2001年	「テイクオーバー　～誰が明日の芸術をつくるのか」 (Takeover - Who's doing the art of tomorrow)
2002年	「アンプラグド　～世界的対立の情景としての芸術」 (Unplugged - Art as the Scene of Global Conflicts)
2003年	「コード　～私たちの時代の言語」(Code - The Language of Our Time)
2004年	「タイムシフト　～25年後の世界」(Timeshift - The World in 25 Years)
2005年	「ハイブリッド　～逆説を生きる」(HYBRID - Living in a paradox)
2006年	「シンプリシティ　～複雑性の芸術」(SIMPLICITY - the art of complexity)
2007年	「さようならプライバシー　～ようこそすばらしい新世界へ」 (GOODBYE PRIVACY Welcome to the Brave New World!)
2008年	「新しい文化経済　～知的財産の限界」 (A New Cultural Economy - The Limits of Intellectual Property)
2009年	「ヒューマン・ネイチャー」 (HUMAN NATURE)
2010年	「修復　～命綱はまだ間に合うか」(REPAIR - ready to pull the lifeline)
2011年	「起源　～それらはすべてどのようにして始まったのか？」 (Origin - how it all begins)
2012年	「ビッグピクチャー　～新しい世界の新しいコンセプト」 (THE BIG PICTURE - New Concepts for a New World)
2013年	「トータル・リコール　～記憶の進化」(TOTAL RECALL - The Evolution of Memory)
2014年	「C　～変わるために必要なもの」(C... what it takes to change)
2015年	「ポストシティ　～21世紀の住処」(POST CITY Habitats for the 21st Century)
2016年	「革命的な原子たち　そして、私たちの時代の錬金術師たち」 (RADICAL ATOMS and the Alchemists of our time)

毎年、先見性のある、挑発的なテーマが話題と関心を集めている。その時々の技術革新と社会変革の潮流を反映し、それに対する姿勢と、人間視点からの批評性が現れている。フェスティバルの性格、内容、その質や正否をも左右するテーマの設定は極めて重要で、芸術監督のゲルフリート・ストッカーによって考案されている。過去のフェスティバル・テーマの変遷を見ていくことで、その時代時代が象徴的に見えてくる。

た生きた知恵だ。
――アートプロジェクトを一般の社会、つまり公共空間にダイナミックに配置することはアルスエレクトロニカの伝統です。ホワイトキューブ（典型的な美術館のスペース）のためのアートをつくり来館者を待つつもりはありません。街の公共空間をステージと捉え、同時にそのステージが市民のものであることを忘れずに、その場所を活かすのだという意識を持ち続けます（時々、かなり挑発的なこともしますが）。

こうして街のなかで活動することができるのは幸運なことで、アートの役割とリンツの街は対立することなく、強い関係で結ばれています。私たちは、街の人々を傍観者や消費者とは見ていません。むしろ、アクティブなユーザー、プロデューサー、クリエーターとして、フェスティバルの重要な参加者として見ているのです。私たちのプロジェクトが市民一人ひとりにとって、テクノロジーの可能性に気づき、力をつける教育になっていると信じています。

（マーティン・ホンツィック／アルスエレクトロニカ・フェスティバルディレクター）

2 進化するフェスティバル

2009年にリンツ市は欧州文化首都に選ばれた(218頁参照)。その年以降、アルスエレクトロニカ・フェスティバルは、リンツ市内のさまざまな生活空間をより積極的に会場に選び、これまで以上に市民を巻き込むことに意識的であるように感じる。

テーマもより社会性を打ち出すものへ移行している。技術的なイノベーションから、文化的、社会的なイノベーションへという軸が明確になっている。毎年大小あわせて500にもおよぶプログラムが実施されるフェスティバルの全容、そこで何が起きているかをすべて伝えることは難しい。そのなかで、近年のフェスティバルの傾向がより強く打ち出された年のフェスティ

2010年フェスティバル『修復』はタバコ工場跡地を会場に行われた

バルについて、私が経験し、強く心に残った光景をいくつか紹介したい。

(1) 誰でも社会の変革に参加できる (2010年)

2010年のフェスティバル・テーマは、「修復 (Repair)」。会場には、市内に残されていた古いタバコ工場跡地がメイン会場として活用された。

リペア (Repair) とは、「モノをつくり直す」「修復する」という意味。グローバル資本主義が低コストの追求という命題を押し進めることで、モノづくりの拠点がヨーロッパや米国、あるいは日本から、アジアや南米に移転している。個人の手が、もはやモノづくりの現場には届かなくなってしまっている状況に対して、あらためて個人の創造力がどう社会のなかで活かされるのか、という問いかけであった。フェスティバルでは、「環境の修復」「修復のためのデザイン」「社会の修復」「あなた自身をつくり直す」など、さまざまな切り口から、もはや個人の手がモノづくりの現場には届かない状況に対して、私たち一人ひとりがどのようにこの社会の「修復」に関われるかという問題提起がなされた。

もう一つ、この年のユニークな点は、地域の新しいスモールビジネスの担い手たちが大々的に紹介されたことだった。環境への負荷を伴わない新しい水力タービンの技術を発明した会社、3Dプリンティングのサービス、バイオファーミングと呼ばれる生態系に配慮した農村部の生産者や小企業、ハンドメイドや

上：地域のスモールビジネスの担い手たち（2010）
下：「スクラップデザイン」ワークショップ。古くなったデバイスを解体して、手づくりのジュエリーをつくる。金細工職人の技と創造的なアイデアが新しい仕事をつくりだすかもしれない（2010）

リメイクのプロダクトやオーガニックフードのお店、とても愉快で奇妙な車をデザインした学生デザイナーたちなど。それらは、会場の入り口から入ってすぐの建物の1階で、フェスティバルに来る人たちに真っ先に紹介されていた。その光景は、まるで未来の「フリーマーケット」のようだった。社会をリペアするのは、一握りのアーティストや技術者たちだけの仕事ではない。一人ひとりの創造性を活かしあう社会をこれまで以上に多様な人々と考える機会となった点において、この年のフェスティバルは印象的であった。

——今ほど世界中で誰もが危機に直面していると強く感じる時代はなかったかもしれない。環境問題、金融市場の危機。政治や民主主義もやはり危機に瀕している。パキスタンの洪水やハイチの地震など、地球規模の大災害にも見舞われ続けている。しかし、こうしたさまざまな危機に対して、世界各地の有力な指導者や政治機関は上手く対処することができずにいるのではないだろうか。今年はコペンハーゲンで気候変動に関する重要なサミットが開催されたが、完全な失敗に終わった。深刻な金融危機に対する連邦銀行や巨大な商業銀行の対応も残念ながら同じだ。こうした危機の時代において大切なことは、政治家や大企業がしてくれることを期待して待ち続けることではなく、私たち一人ひとりが、あらためて自分自身の手で何ができるのかを考えてみることではないだろうか。そんな時代が来たのだと思う。

（ゲルフリート・ストッカー／アルスエレクトロニカ芸術監督）

会場の旧タバコ工場は20世紀初頭を代表するドイツの建築家ペーター・ベーレンスによって、第一次世界大戦後の1930年代に建てられた、オーストリアの歴史的な鉄骨建築である。2009年にタバコ工場が閉鎖された後に、リンツ市が買収し、約7万平方メートルにもおよぶ広大なこのタバコ工場跡地を、新しい創造産業の集積地へと育てていく計画を描いていた。

フェスティバルの会場として、この広大な工場跡地を活用することによって、この場所がもつポテンシャルを検証し、実際に市民たちに街の新たな「クリエイティブ工場」「クリエイティブ産業の新たな集積地」として生まれ変わる姿を体感してもらうことが、リンツ市とアルスエレクトロニカの戦略だった。事実、地域の人たちの記憶が染み付いたこの歴史的な建築物の未来の姿を体験しようと、多数の市民がこれまで以上にフェスティバルを訪れ、それは欧州文化首都に選定された記念イヤーであった前年2009年度の実績を上回る9万人にも至った。そして、会場にはかつてこの工場で働いていたという高齢者の人たちが、家族や幼い子どもたちと一緒にたくさん詰めかけていた。

社会の修復、環境の修復、生活の修復は、ともに多様な人たちが努力しあわなければならない課題だ。エンジニアや科学者だけ、あるいは政治家だけでは達成できるものでもない。「修復（リペア）」とは、これまでのパラダイムを変える変革のことであり、そして誰でも参加できる変革のことを指している。

会場になった旧タバコ工場はその後もオフィス、スタジオ、イベント会場、共同作業スペース等の多様な活用が継続的になされ、リンツ市の新たな活力源へと成長している。その変化のきっかけを提供したのが、2010年のフェスティバルの開催だった。この古い工場がどのようにして人々に使われ、どのようにして再生されていくのか、そのヴィジョンをリンツ市はフェスティバルを通して市民に提供することに成功したように思う。まず使ってみてどんな風に面白がれるか。アートは自由で無責任だ。だからこそ新しい可能性を、すぐ試せるかたちで提供することができる。

(2) 創造の新たなプラットフォーム（2014年）

2014年は、さらにダイナミックに街そのものがフェスティバルの舞台となった。市内ショッピングモール、銀行、教会、学校などが会場として活用された。テーマは『C～変わるために必要なもの（C... what it takes to change）』。社会変革、文化発展を可能にする要件とは何かを考えること。「C」には、例えば変化（Change）、そのための自信（Confidence）や渇望（Craving）、創造性（Creativity）とそれを生みだすために必要な協調（Collaboration）、そして新しい化学変化を起こすための触媒（Catalysts）、また多様な市民（Citizen）の存在と可能性、そして社会変革が起きる場としての街（City）など、多彩な意味が暗示されている。

ショッピングモールに並ぶ店舗が展示空間となり、新大聖堂（マリーエンドーム）の中では、アーティストのパフォーマンスが繰り広げられた。また街を舞台に行われた市民参加型のプログラム『リップダブ』では、街なかをパレードする市民たちのアクションを、さまざまなカメラで撮影し、最終的に1本の

上：新大聖堂でのグラインダーマンによるパフォーマンス風景。理化学研究所の藤井直敬率いる研究チームが開発した SR（代替現実：Substitutional Reality）システムを用いた、新たなインタラクティブ体験が可能となるパフォーマンス作品『ミラージュ（MIRAGE）』（2014）
下：市民参加型プログラム『リップダブ（LipDub - Take a Chance, Take a Change!）』に参加したリンツ市民のパレード。リンツ市内のショッピング・アーケイド（2014）

映像作品をつくりだした。市民が参加することで、街の風景が変わってしまうという、２０１４年のテーマ、「Ｃ（Citizen：市民）」を体現する象徴的なプログラムとなった。

会場の一つ、新大聖堂の文化事業担当者クレメンス・ピヒラーさんに後日お話を伺った。

――大聖堂は教会関係者だけのものではありません。信者でなくてもこの美しい空間に身を置いてくれる人を必要としています。教会にこそ真実があると思われがちですが、今は教会自体が社会から学ぶ時代です。最新のテクノロジーを使って、より多くの人たちと宗教的、哲学的な対話をし、共有することができました。普段は教会に足を運ばない若い人たちが、３０００～４０００人も集まってきてくれ、新しい対話の機会が私たちの心をも開いてくれました。

（クレメンス・ピヒラー／新大聖堂文化事業担当者）

地元の学校もフェスティバルの会場となった（2014）

また地元の公立学校も会場として使われた。体育館には、アルスエレクトロニカ・フューチャーラボによるドローンを活用した「スマートアトムズ（Smart Atoms）」の実証実験が展開され、学校の教室は、世界から集まったイノベーターやアーティストたちがアイデアをディスカッションする未来の教室へと変わった。9月は毎年新学期が始まる季節。新学期直前にもかかわらず、学校を会場の一つとして活用するアイデアが学校側との協力によって実現した。

その年のフェスティバル最終日は月曜日、会場となった学校の始業式の日と重なった。アーティスト、子どもたち、先生たち、フェスティバルに関わるスタッフたちが一堂に会し、始業式では校長先生の挨拶に続き、芸術監督のゲルフリート・ストッカーもみんなに向けてメッセージを投げかけた。

市民との日常的なつながりがあってこそ、街全体をフェスティバル会場に使うというアイデアが生まれ、実現されることに、アルスエレクトロニカの長年の活動がこの街にもたらしてきたものを痛感する。

(3) 21世紀、人はどこに生きるのか？（2015年）

デジタル革命は都市に新たなステージをもたらし、産業、ライフスタイル、コミュニケーション、コミュニティのあり方など、都市のシステムを大きく変容させている。

世界各地では都市への圧倒的な人口流入が起こり、100年前には1億6500万人であった都市人口は、２０１４年には39億人を超え、世界の総人口の半数を占めるに至っている。２０５０年には、60億人を超え、総人口の３分の２を超えるとの予測もある。[*1]

爆発的な人口増大、気候変動、環境問題、食料問題、あるいは都市における社会的格差など、人々が生きる場所としての都市をどのようにデザインしていくか、それは人類全体にとっての緊急課題だ。

２０１５年のフェスティバルのテーマは「ポスト・シティ」（これからの都市の在り方）。街（シティ）に住んでいる人たちが、自身の手で街を変えるために、どのような潜在的な創造性やパワーをもっているのかという、「市民（Citizen）」の視点から、これからの「街」の可能性を考察することに挑んだ。

インターネット、モバイル端末、クラウドコンピューティング、ビッグデータ、オープンデータといった新しいテクノロジーが、その街に暮らす人たちをどのようにエンパワーできるのか。そして、この壮大なテーマを「未来のモビリティ（Future Mobility）」「未来の仕事（Future Work）」「未来の市民（Future Citizen）」「未来の回復力（Future Resilience）」の四つのサブテーマにブレイクダウンし、オルタナティブな「街」（ポストシティ）の可能性を、世界各地から集まる人々とともに考えていく。

２０１５年の会場はリンツ中央駅に隣接する巨大な郵便配送センター跡地で、その会場そのものが「ポスト・シティ」と名付けられた。広大な建物の内部は、エリアごとに『セントラルパーク』や『ファッション・ディストリクト』等と名付けられ、新しい街が突然出現したというコンセプトで展示空間がデザインされた。ポスト・シティの各所におかれたテーブルは、紙や段ボールなどの廃材でつくられたもので、

上：『ポスト・シティ』の会場に使われた元郵便配送センター（2015）
下：都市が排出する大量の紙や段ボールの廃材でつくられた展示空間（2015）

都市がもつリソースを人間の創造性によって最大限に活かす、このフェスティバルのテーマをシンボリックに表していた。

例えば、「未来のモビリティ」では、ダイムラー社が開発した最新のコンセプトカー〈F015〉（無人の自動運転カー）が展示された。このコンセプトカーは、アルスエレクロニカ・フューチャーラボとの共同リサーチを通して、ダイムラー社が設計した新しいHMI（ヒューマン・マシーン・インターフェイス）機能が開発されている（189頁参照）。

AIを搭載したロボットカーと人間とが、都市という社会の共有空間（シェアード・スペース）のなかでどうすれば信頼関係を結ぶことができるのか？　運転手とクルマだけでなく、公共空間にいる人々、歩行者ともコミュニケーションをとりあう工夫が開発されたこのモデルは、こうした人とテクノロジーとの新しい関係を考える大きな問いを投げかけた。この革新的なコンセプトカーの隣には、さまざまなモビリティの可能性が並べられた。

オーストリアのエレクトリックモーターサイクル社製「ヨハマー・ジェイワン（Johammer J1）」はカタツムリがモチーフのユニークな電動バイクで、1回の充電によって約200キロ走行可能だ。千葉工業大学未来ロボットセンター（fuRo）とアイシン精機株式会社が手掛けた電動小型モビリティ「アイリー・エー（ILY-A）」は、利用シーンに応じて四つの形態に変形することが可能で、若者からアクティブシニアまで幅広い年代が活用可能だ。ハンドルにスマートフォンを装着することによって、走りながら窪みなどの道路

上：メルセデスベンツによる無人自動運転カー〈F015〉の展示（2015）
下：「レット・ザ・チルドレン・プレイ・イニシアティブ」の活動についてプレゼンテーションする、創設者でもある写真家、ルーカス・マキシミリアン・ヒューラーと、アーティストのハネス・セーバッハー。アルスエレクトロニカ・センター内のディープスペースにて（2015）

状態を収集する機能が搭載された自転車「エーセル・コンプレイン（ESEL-Complain）」は、都市における移動性と、公共空間の品質との関係を問うことをテーマとするプロトタイプ。自転車で街を走ることで道路上の窪みを検出するとそのデータは自動苦情処理システムにも統合され、同時に後輪についたスプレー缶によって実際に道路上に窪みの位置をマーキングすることもできる。

一方で、アーティストが手掛けた木製セグウェイも、こうした多様なモビリティとともに展示された。世界的な大企業、ローカルのベンチャー企業、研究者、市民、アーティストなどさまざまな人々によって考案される「未来のモビリティ」をフラットに並べることで、来場者一人ひとりに対して、「未来を選ぶのは他の誰でもない、あなたです」というメッセージが投げかけられる。答えではなく、可能性やインスピレーションを提供することで、それぞれの人が主体的にそれぞれにとっての「未来のモビリティ」を選ぶことを励ます。あなたこそが変化をつくりだす主体（アクター）なのだと。そこに、新たな産業のあり方、サービスや商品の生みだし方のヒントがある。

こうした「市民」から発想する視点は、他のテーマにも共通していた。建築家、アーバンデザイナー、大学教授であるジータ・メフタが主催する「アジア・イニシアチブ」が途上国地域で実践している「社会資本クレジット（SoCCs / Social Capital Credits）」という取り組みは、地域の人々が例えば子どもの育児や教育支援、地域コミュニティの活動を行うことでヴァーチャル通貨「SoCCs」を稼ぎ、それを元にして、学校の授業料を支払ったり、職業訓練サービスを受けたり、家の改修を行うことができるコミュニティ・プラットフォーム・サービスだ。貨幣に換算できないこうした人的な労働やスキルを「社会資本クレジット」として、実際の生活サービス、生活改善を行うこの仕組みは、インド、ケニア、ガーナ、コスタリカ等、公共サービスが行き届かない貧困地域において、実際に活かされており、例えばケニアでは、携帯電話を使ったマイクロバンキングの仕組みとも結びつき大きな成果を上げている。

このプロジェクトは、「未来の市民」「未来の回復力」というテーマを象徴する取り組みとして紹介されていた。他にも、都市におけるさまざまなビッグデータの活用、シビック・テクノロジーを用いた市民の活動など、これからの都市を考えるための市民が主体となって実現されていくプロジェクトが、巨大なフェスティバル会場に集められた。

「レット・ザ・チルドレン・プレイ・イニシアティブ（Let the Children Play initiative）」（PLAY FOUNDATION）は、約10万人の難民が暮らすヨルダン「ザータリ難民キャンプ」で、難民キャンプの子どもたちに対して、遊びや学びのワークショップを提供している活動だ。長年キャンプから出ることができない人たちにとって、そこは「街」そのものだ。そのなかで子どもたちに学習機会や未来をつくりだすための機会をどのように持続的に提供し続けることが可能なのか。その時アートにできることはなんだろうか。国連難民高等弁務官事務所（UNHCR）とも協力しながら、アーティストたちが活動している取り組みである。

２０１５年のフェスティバル会場となったポスト・シティは、フェスティバル終了後には、欧州に押し寄せるシリア難民たちのための難民キャンプとして使われた。実はその年のフェスティバルはこうした切実な現実感のなかで開催されたのだった。

都市というテーマが、参加者全員に関わるテーマであったこともあるだろう、2015年のフェスティバル集客数は過去最大の9万2000人となった。市民、産業、大学、研究機関、行政機関、NGO/NPO、国連機関、さまざまな都市のアクター(主役)が集った。

市民が自由に使いこなせるデジタルツールが浸透する時代において、従来型の「都市開発」を行政やディヴェロッパーに任せきりにするのではなく、自分たちの手で、市民自らが街をデザインしていく方法もあるのではないか。アートとテクノロジーが、こうした市民発のボトムアップな動きを励まし、人々を勇気づけ、都市の未来に、社会のレジリエンスにとって重要になるだろう。

こうしたアート、テクノロジーを、社会変革のための手段として捉えようとする意向は大きな潮流となっている。

3 社会的空間《ソーシャルスペース》としてのフェスティバル

2015年、アルスエレクトロニカ・フェスティバルに参加したアーティスト数は、世界42か国から、482人にもおよんだ。近年では、科学技術研究機関、大学等の教育機関、アート・文化機関をはじめ、行政関係、産業界からの参加も増えている。社会の多様なステイクホルダーを幅広く世界レベルで巻き込むことで、フェスティバルが新たな社会課題の解決策を生みだす共同作業の場、コラボレーションスペースへと進化している。

こうした来場者やパートナー数の拡大は、アルスエレクトロニカが探求する「アート、テクノロジー、社会」というテーマ、科学技術の革新、政治、社会、産業、文化、芸術的な変化をフラットに捉え、市民の目線で新しい可能性を抽出しようとするアプローチが、世界的な価値をもつに至ったことを示している。

しかし、芸術監督のゲルフリート・ストッカーは、「決して集客数を増やすことが目的ではない」と言う。フェスティバルは、リンツを世界的な文化都市へと変貌させる原動力だ。それは異なる領域、文化をもった人たちが出会い、新しい価値を探求し、未来をつくりだす、いわば「生き方」そのものを、この小さな街と市民に、時間をかけて育んだ。その点にこそ、最大の意義がある。

［注］

＊1 『国連世界都市化予測』報告（UN World Urbanization Prospects 2014）

INTERVIEW

ガリア・エルスラクビ

［フェスティバル参加者］

シリアの出身で、カイロの米国系大学で教えながらアルスエレクトロニカ的な取り組みを立ち上げようとしています。ここに来るのは10年来の夢でした。オープンでパブリックなイベントに驚いています。専門家だけでなく、子連れの家族など一般の人をこんなに招き入れ、しかもすべてのプログラムが体験を重視している。

私は18歳の時に母国のシリアを出て、オランダの大学を卒業しました。シリアか中東地域に戻りたかったのですが叶わず、カイロで今の職を見つけたのです。中東では農業や医療などの技術が主流で、テクノロジーとアートの融合はまだ若者たちの間で挑戦が始まったばかりです。

その一つとして、2016年にアーティストであり、夫でもあるハイサム・ナワールとともに「カイロトロニカ」というイベントを立ち上げました。カイロの未来を若い人たちが考え、想像するきっかけをつくりたいのです。2年目は一般の人を巻き込み、3年目以降はテーマを絞って深く考えるプログラムにし、外からアーティストを招くレジデンスプログラムも構想しています。

移民、難民、政治的闘争、国境といった課題に理解や関心を促そうと、アニメーション、フィルム、3Dプリンティング、ロボットなどさまざまなメディアで表現してきました。しかし、データやヴィジュアルだけでは人の考えは変わりません。私たちには「ストーリー」がいるのです。それによって人々は、自分と世界との関係を見出すのだと痛感しています。

INTERVIEW

ヘレーネ・ステイナー

［フェスティバル参加者・博士研究員、デザイナー］

ザンクト・ペルテンというリンツとウィーンの間にある街で生まれました。今は博士研究員兼デザイナーとしてマイクロソフト社で働いています。アルスエレクトロニカのことはずっと気になっていました。どんな展示で、誰が賞をとり、何に注目が集まっているのか。実際、歩き回るといろいろなものに出会う感覚が良いですね。テクノロジー、サイエンス、アート、クラフト、政治、さまざまな視点や発想が混ざり合う、これほど分野横断的な場所はない気がします。

もともと私自身、越境的な志向をもっています。18歳でドイツのバウハウス大学に進みヒューマンセンタードデザインを学びましたが、技術的スキルの必要性を感じ、ロンドンのRCAとインペリアル・カレッジとでイノベーションデザインエンジニアリングを学びました。ロンドンでの学生時代にMITメディアラボと、MIT化学エンジニアリングのグループと出会ったので、その後、アーティスト・イン・レジデンスとして滞在していた現在の会社で働く機会を得ました。ここではさまざまな部署でイノベーションの芽が生まれています。私の役割はそれをつなげて新しいストーリーとプロジェクトをつくりだすことです。今、産業界がアーティストを企業に招き入れようとする動きが広がっているのはどうしてでしょう？ 彼らがテクノロジーの直線的な進化に「問い」を投げかけるからです。本来、イノベーションはそうした問いかけから生まれるものだから、それに気づいた企業が今アートを必要としているのです。

INTERVIEW

エリカ・フードゥル

［アカデミシェス・ギムナジウム・リンツ校長］

アルスエレクトロニカ・フェスティバルの会場として学校を提供したことに、特別な理由はないんです。彼らは私たちの街の一部ですからね。ある日、彼らが街なかを会場にしたくて場所を探している、教室や校庭が使えないかって尋ねてきて、とっさに良いアイデアですねって答えました。

この学校は1542年に創設されたオーストリアでも非常に古い学校の一つです。10〜18歳の生徒が約400人通ってきます。授業は人文科学系の一般教養、ラテン語、ギリシア語、フランス語などの語学、音楽が特徴で、現代アートやメディアテクノロジーを教えている学校ではありません。でも子どもたちは、メディアテクノロジーには関心をもっています。アルスエレクトロニカ・センターに行くことが好きな子もたくさんいます。だから、彼らの好きなことを学校にもち込む最高の機会だねと、教師たちと話して決めました。

フェスティバル最終日の月曜日は始業式でしたが、展示はそのままだったので、みんな驚いたでしょうね。始業式って、机と椅子が奇麗に並んでいて、生徒の関心は誰が一番前の席かってことくらいでしょ。でもその日はアーティストやサイエンティストとワークショップをしたり、特別な授業を行ったんです。

生徒たちはこの学校で8年間を過ごします。その後は自分自身で進む方向を考え、人生をつくっていかなくてはなりません。だからこそ、オープンマインドをもっていろいろな人と出会い、ディスカッションし、自分の問いをもつことが大切です。そんな機会を提供することが教師の仕事だと思いますが、この学校でもアートの授業は減っていて、残念なことです。

幸い、アルスエレクトロニカ・センターが歩いて15分程のところにあります。生徒になぜセンターが好きなのって聞くと、ある子は「いつもの学校とは違う方法で考えることができるから」って言いました。先日はバイオラボで、2人の生徒が実験をしてレポートを書いてきました。バイオテクノロジー、遺伝子操作など、この国ではあまりディスカッションされないので、世界をより良く知る機会になったようです。

アルスエレクトロニカのスタッフ、アーティスト、サイエンティスト、技術者は良い友人であり、先生です。彼らは時々学校に来て実践的な授業をしてくれます。常にオープンで街のなかに入って行くし、彼らの影響は街の至るところで見られます。

例えば、ＯＫ現代美術センター正面のパブリックスペースも美しくなり、人が集まって過ごせる雰囲気に変わりました。リンツだけではなく、ウィーンの経済界のリーダーたちもやはり、アートが何か、文化が何かを彼らに学んでいると思います。

私は学生の頃、リンツに来たことがありますが、当時は今とはまったく違う風景でした。絶対に、絶対に、住みたくない、そう思わせる街でしたよ。結婚してリンツに引越してきたのはフェスティバルが始まる1年前の1978年でした。それからは毎年毎年、この街は変化し続けました。そして、アートや文化が生きて行くために重要になっていった。今のリンツは暮らすことが本当に心地良い。リンツでは人が成長していくことができるんです。

Episode アルスのDNA

街に変化をもたらすカタリスト

――フェスティバル

触媒とは、それ自身は変化せず、周囲に働きかけることで反応を起こし、新しいものをつくりあげる物質です。社会を変容させるアートにぴったりの説明ではないでしょうか？　私たちも触媒として次のようなの働きかけを心がけてきました。

・多くの人々、実業家や社会的・経済的理由で文化イベントに参加しない人々にも呼びかける。彼らの期待や問題に応える方法を考える
・守られたスペース（美術館）を出て街全体を舞台とし、人々が対話に参加できる方法を考える
・公共空間に「居させてもらっている」感覚を忘れない
・街の重要な、しかし見逃されてきた場所を見出し、体験可能な場にすることで人々を驚かす
・変化に興味をもつ人々と協力し、作品をプラットフォームにする

毎年、公共空間でプロジェクトを行えるのは、私たちが街のさまざまな期待やリクエストに応える努力をしてきたからです。中央広場、工場、港湾エリア、放棄されたスペース、ショッピングモールや学校、銀行、大聖堂、地下駐車場……。すべてのプログラムを街なかで行ったこともあります。

「ガンツ・リンツ：リンツのすべて」という伝説的プロジェクトでは、地域の航空写真を撮影する時間を前もって市民に知らせ、何千人もがさまざまな「サイン」を街なかに仕掛けました。自分たちの庭に、バルコニーに、公共の広場に。この巨大な「街のグループ写真」は市庁舎の玄関ホールと公会堂の廊下に展示されました。自分の街をまるごと、上から眺めることができるのは感動的です。以来、玄関ホールの床は毎年最新の航空写真に張り替えられます。テクノロジーと市民をつなぐ街の象徴となり、今では多くの人が知っていますが、実は最初の試みがアート・プロジェクトであったことを知る人は少ないでしょう。

（ゲルフリート・ストッカー／アルスエレクトロニカ社社長、芸術監督）

アルスエレクトロニカの挑戦
第4章

［挑戦2］
コンペティション
国際的ネットワークの中心になる

各部門の最優秀賞に授与されるゴールデン・ニカ賞のトロフィー

1 国際コンペティション部門の設立

なぜコンペなのか

国際コンペティション「プリ・アルスエレクトロニカ（Prix Ars Electronica）」は、１９８７年に、アルスエレクトロニカ創始者の１人、ハネス・レオポルトゼーダーの提案によって創設された。１９７９年にスタートしたフェスティバルは、「アート、テクノロジー、社会」をフィロソフィーに、その時代における科学技術の最新動向や重要なトピックスを、リンツ市民に対するインスピレーションとして提供してきた。

プリ・アルスエレクトロニカの創設は、技術革新を生活文化や社会変革に活かそうとする意欲的で革新的なアーティストや科学者たち、とりわけ新しい世代に光を当て、彼らを世界各地からこのムーブメントの渦に巻き込んでいくことを意図して構想されている。

そして、このコンペティションを通して、アルスエレクトロニカが描くヴィジョンを世界に広めると同時に、世界中のインスピレーションがこの街に集まること、つまりリンツ市がそのネットワークの結節点（ハブ）として発展することを目的に設立された。

上：フェスティバルのハイライト、ブルックナーハウスでプリ・アルスエレクトロニカの授賞式ガラが行われる
下：2015 年の受賞者たち

審査基準は「未知の可能性」

現在、プリ・アルスエレクトロニカは、デジタル技術を扱う創造性と革新を表彰する最も歴史のある国際コンペティションの一つと言われているが、この賞の設立は当時、相当に画期的かつ斬新なものであったはずだ。まだ世界で評価の定まらない可能性を積極的に見つけだし、注目することで議論を起こし、その意味や価値を見つけだす未来志向のコンペティションはそれ自体が大きな挑戦だ。

科学技術と芸術的表現、また先端技術を活用した社会イノベーションプロジェクトまで、多様な領域、技術、アイデアのぶつかりあいで生まれる分野横断型プロジェクトが対象となる。絵画や彫刻といった既存の芸術分野でもなく、すでに定まった美意識や価値観、あるいは権威に根ざすものでもない、まったく未知の可能性を対象とする。そこからどんな新たな価値を見出すのかは、アルスエレクトロニカ自体の質やメッセージそのものを規定する。つまり審査する側の視点も問われることになる。

この高いハードルを糧にするように、1987年に最初の「プリ・アルスエレクトロニカ」が始動した。設定された「コンピュータ・アニメーション」「グラフィックス」「コンピュータ音楽」の三つの部門は当時の新しい文化を象徴する領域だった。以降、現在まで「アート、テクノロジー、社会」というコンセプトは一貫しつつ、対象部門は絶えず検証され、柔軟に変化し続けている。

2016年現在では、「コンピュータ・アニメーション／フィルム／ヴィジュアル・エフェクツ」「デジタルミュージック&サウンドアート」「インタラクティブアート・プラス」「デジタル・コミュニティーズ」「ハイブリッド・アート」の5部門が世界からの公募を受け付けており、その他に、オーストリア国内の19歳以下の子どもたちや若者を対象にした「u19—クリエイト・ユア・ワールド部門」が設定されている。[*1] また公募部門ではないが、過去のアート&テクノロジー領域の革新的な仕事をしてきたアーティストを讃える「ヴィジョナリー・パイオニア部門」も2014年からスタートしている。各部門の最優秀賞1組には、「コンピュータ界のオスカー」と呼ばれるゴールデン・ニカ賞が授与され、次点となる優秀賞、入選は、複数の作品やプロジェクトが選出される。2015年の応募総数は、世界75か国から、2889件にもおよんでいる。日本人のアーティストや研究者の応募も多く、実際に過去に多くの日本人が受賞している。[*2]

審査のプロセス

コンペティションは、毎年1月に全世界に向けてオープンコール（公募）が告げられスタートする。その後エントリーされてきた作品やプロジェクトは、審査員専用のウェブサイトに一旦集約され、審査員たちは春にリンツ市で行われる審査会までに、エントリー作品を事前に確認し審査会当日に臨む。審査対象となる作品に関しては、オープンコールに加えて、審査員推薦枠が用意されていて、コンペの質を高めるためにも審査員からの作品やプロジェクトの推薦が奨励されている。

審査結果は6月頃に発表され、9月のフェスティバルのハイライトとして、「ガラ（GALA）」と呼ばれる授賞式がブルックナーハウスで行われる。「サイバーアーツ・フェスティバル」という受賞作品展も期間中のメインプログラムの一つだ。あわせて各部門の受賞者たちを招いたカンファレンス「プリフォーラム」、受賞アーティストたちによるワークショップなども随時開催される。単に賞を与えるだけで終わらず、受賞者たちがもたらしてくれる新しい視点や意欲的な挑戦をできる限り多くの人と共有する機会が用意されている。

2 各部門の審査

(1) コンピュータ・アニメーション／フィルム／ヴィジュアル・エフェクツ部門

スタート当時から続く最も歴史の長いカテゴリー。2Dまたは3Dのコンピュータ・アニメーション、デジタルショートフィルム、キャラクターアニメーション、CGアニメーション、コマーシャル、ミュージックビデオ、ビジュアルエフェクト、ゲームのカットシーンなどが対象で、受賞作品は、アルスエレクトロニカ・フェスティバル期間中に市内にある映画館やアルスエレクトロニカ・センターで上映される。

(2) インタラクティブアート・プラス部門

人と社会との「関係性」を問うことがこの部門のテーマ。1990年、インターネットや情報通信技術、新しいコミュニケーション技術の革新を背景に設定されている。インターネット、コミュニケーション技術、インタラクションデザイン、バーチャル・リアリティ、拡張現実（AR）、インターフェース、ロボティックスなどのテクノロジーを活用したプロジェクトが対象となる。テクノロジーによって、人と人、人と社会など、さまざまな「関係性」がどのように変わっていくのか。コンペティションのなかでも最大の注目を集める部門だ。技術力、インタラクションデザインの美しさだけでなく、人間の能力や行動範囲を拡大する可能性を秘めているかという視点も重視される。

(3) デジタルミュージック&サウンドアート部門

広範囲なコンテンポラリー・デジタル・サウンド作品を対象とするカテゴリー。サウンドとメディアを組み合わせた作品、アコースティック、電子音楽、実験的なサウンドまで、さまざまなコンピュータ作曲作品とその実験的な手法、サウンド・インスタレーション、ソニックスカルプチュア（音による彫刻作品）等、幅広い作品やプローチを見ることができる。

とりわけこの部門では、これまでにも池田亮司をはじめ、多数の日本人のアーティストたちが受賞している。人の感性を触発する日本人の仕事は、世界で圧倒的な強さをもっていることを示す証拠だ。[*3]

(4) デジタルコミュニティ部門

２００４年に誕生した部門。当時はさまざまなオンラインコミュニティが生まれ、ソーシャルメディアが大きな潮流になってはいたが、インターネット関連企業への異常な株式投資が引き起こしたドットコムバブル（ＩＴバブル）とその崩壊が引き金となって、情報化社会が生みだす新しい課題も顕在化していた。その後現在までに、ソーシャルメディア、ユーザ生成型コンテンツ、クラウドソーシング、市民参加プロジェクト、市民ジャーナリズム、オープン・データの社会活用、スマートシティ、スマートシチズンに関するプロジェクトなど、オンラインコミュニティの範疇にとどまらないさまざまな取り組みが生まれている。草の根的な市民の活動、公的機関、ＮＰＯやＮＧＯなどのミッションドリブン型の専門組織による取り組みも含め、世界各地のさまざまな団体がリアルタイムで取り組んでいるプロジェクトがこの部門には集まってくる。

深刻化するさまざまな社会課題に対して、人間がもつ潜在力とテクノロジーの可能性とが合わさることで、果たしてどんな解決策が生まれるのだろうか。この部門は、デジタルテクノロジーを活かして社会的な課題解決を目指す取り組み、いわば「人類共存のための課題解決型プロジェクト」を見出し、新しい議論を巻き起こすことを目指している。

(5) ハイブリッド・アート部門

ハイブリッド・アート部門は、「混成芸術」という言葉のとおり、多様なテクノロジー領域、異なるメディアやジャンルを融合する複合的な視点で取り組まれるプロジェクトや研究活動を対象とする。建築とインタラクティブメディアの融合、人工生命、アートと社会的活動、また遺伝子組み換えや細胞融合などの技術を利用して、再生医療や、医薬品・食糧などの生産や環境の浄化などに応用するバイオテクノロジーが社会に与えるインパクトを探求する「バイオアート」といった領域など、既存の枠には収まらない新たな発想に着目する、今最も注目されているテーマ領域だ。テクノロジーの進化に伴い、それまでの既存の部門カテゴリーには収まりきらない作品やプロジェクトが増えていく状況に対応するため、2007年にこの部門は生まれている。その年のハイブリッド・アート部門最高賞を受賞したのは、西オーストリア大学の研究室「シンビオティカ（SymbioticA）」で、生命科学とアートとの融合に取り組む、バイオアートの先駆的な研究活動が評価された。

［事例］コンピュータ・アニメーション部門

ジョン・ラサター「ルクソー Jr.」ゴールデン・ニカ賞（1987）

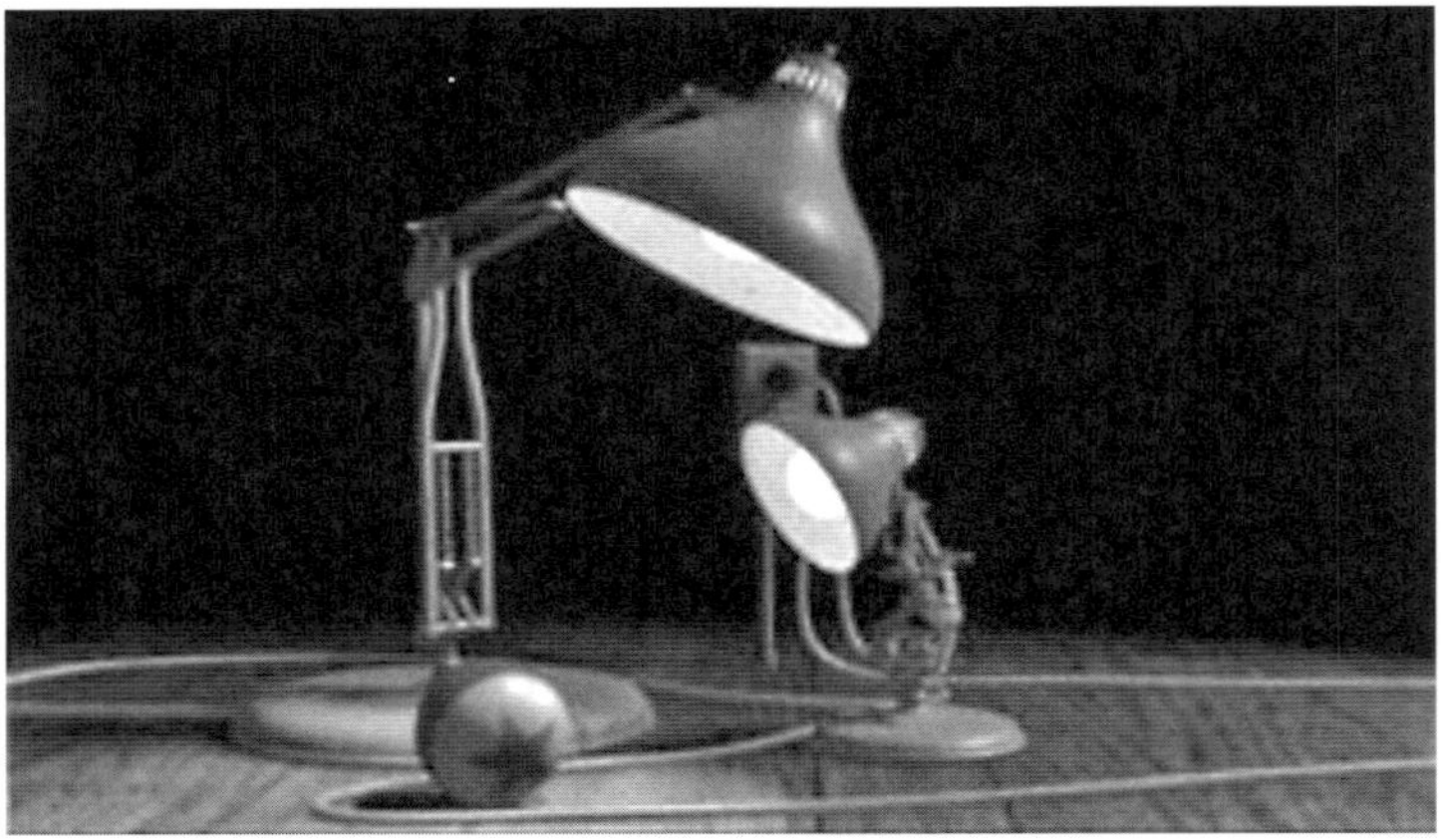

現在の「コンピュータ・アニメーション／フィルム／ヴィジュアル・エフェクツ部門」は、1987 年当初は「コンピュータ・アニメーション部門」としてスタートした。その最初のゴールデン・ニカ賞（最優秀賞）を獲得したのは、現在、ピクサー・アニメーション・スタジオのチーフ・クリエイティブ・オフィサーとして同社を牽引するジョン・ラサターの監督作品「ルクソー Jr.」であった。アカデミー賞短編映画賞を受賞して、ラサターとピクサー（PIXAR）の存在を世界に知らしめるきっかけにもなった作品だが、このアカデミー賞受賞前に、実はプリ・アルスエレクトロニカでの最高賞を受賞している。「ルクソー Jr.」は、古めかしいデザインの 2 台の卓上ライトの細やかで繊細な動きが、まるで人間か動物の親子のように思えてくるという、チャーミングな CG 作品。1987 年受賞当時、ピクサー設立直後の新しく生まれたばかりのスタジオで生まれた「ルクソー Jr.」はラサターの初めての監督作品と言われている。表現されているのは、「ヒューマニティを宿したマシーン（機械）」というヴィジョン。プリ・アルスエレクトロニカ賞とアルスエレクトロニカのヴィジョンを象徴している。

［事例］コンピュータ・アニメーション／フィルム／ヴィジュアル・エフェクツ部門
アレックス・ヴェルヘスト「アイドル・タイム」ゴールデン・ニカ賞（2015）

古典的な絵画を思い起こさせる映像インスタレーション作品。そこにはある家族の肖像画が描かれている。作品の鑑賞者がスクリーンの前に置かれた電話を掛けると、映像のなかの電話が鳴りだし、映像のなかの登場人物たちの会話が始まる。インタラクティブな仕掛けによって、物語のなかに引きずり込まれていく感覚を覚える。

絵画のような映像が感じさせる「過去」や「記憶」。そこに鑑賞者の「今」「ここ」という時間が重なり流れていく。それは、高度に進化したネットワーク技術によって、過去と現在、向こうとこちらとが複雑に交錯しあう。タイトルには、そうしたテクノロジーによって生まれた、宙ぶらりんの新しい時間「今」を表現している。感覚という意味が込められている。高度に進化した技術の先に、人の深層心理を揺さぶるような表現のあり方が探求されている。

［事例］インタラクティブアート部門
ザック・リーバーマン／ジェームス・ポウダリー／トニー・クアン／エヴァン・ロース／クリス・スグレ／テオ・ワトソン

「アイライター」ゴールデン・ニカ賞（2010）

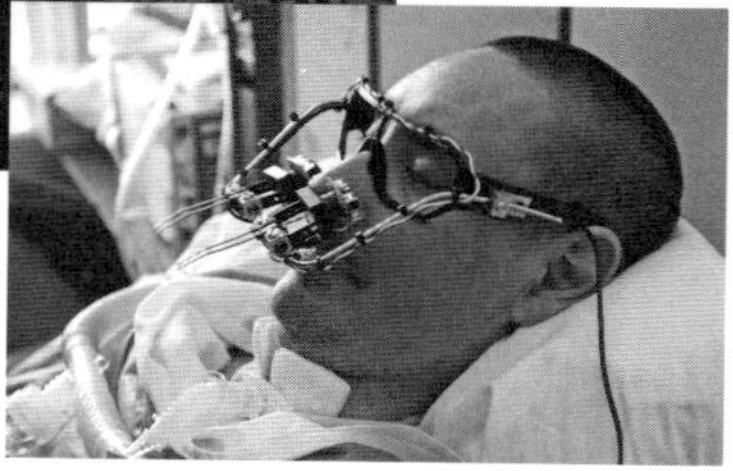

筋萎縮性側索硬化症（ALS）という難病のために、瞳孔を動かす以外の身体の自由を失ってしまったグラフィティアーティストが、再びグラフィティを描けるように、仲間のアーティスト（ザック・リーバーマン、ジェームス・ポウダリー、トニー・クアン、エヴァン・ロース、クリス・スグレ、テオ・ワトソン）、プログラマーたちが集まり、微かな目の動きを読み取り、その動きだけでグラフィティを描ことができるデバイスとソフトウェアを廉価で開発した。グラフィティアーティストは、この『アイライター』を使って、入院先のアラバマ州の病院から、ロサンゼルスの街の建物や通りを、プロジェクションマッピングによってグラフィティを描き出していた。

病によって損なわれた身体的機能を支えること、いわばマイナスをゼロに近づけるだけでなく、むしろプラスに転換させている。そこには新しい美の感覚まで生まれている。彼らは、このデバイスやソフトウェアのつくり方をすべてオープンソースとしてインターネット上で公開し、筋萎縮性側索硬化症という病への社会的な関心を高める活動をも進めている。

また、アートやテクノロジーが、生活や社会に影響をおよぼす時代に変わったことも象徴している。そこには、アート、テクノロジー、社会、そのすべて側面で高いクオリティが詰め込まれ具現化されていた。社会を「修復」するために、アーティストの創造力がこれまで以上に重要な役割を果たす。このプロジェクトはそのことを現実に見せてくれている。

[事例] デジタルミュージック＆サウンドアート部門
赤松音呂「チジキンクツ」ゴールデン・ニカ賞（2015）

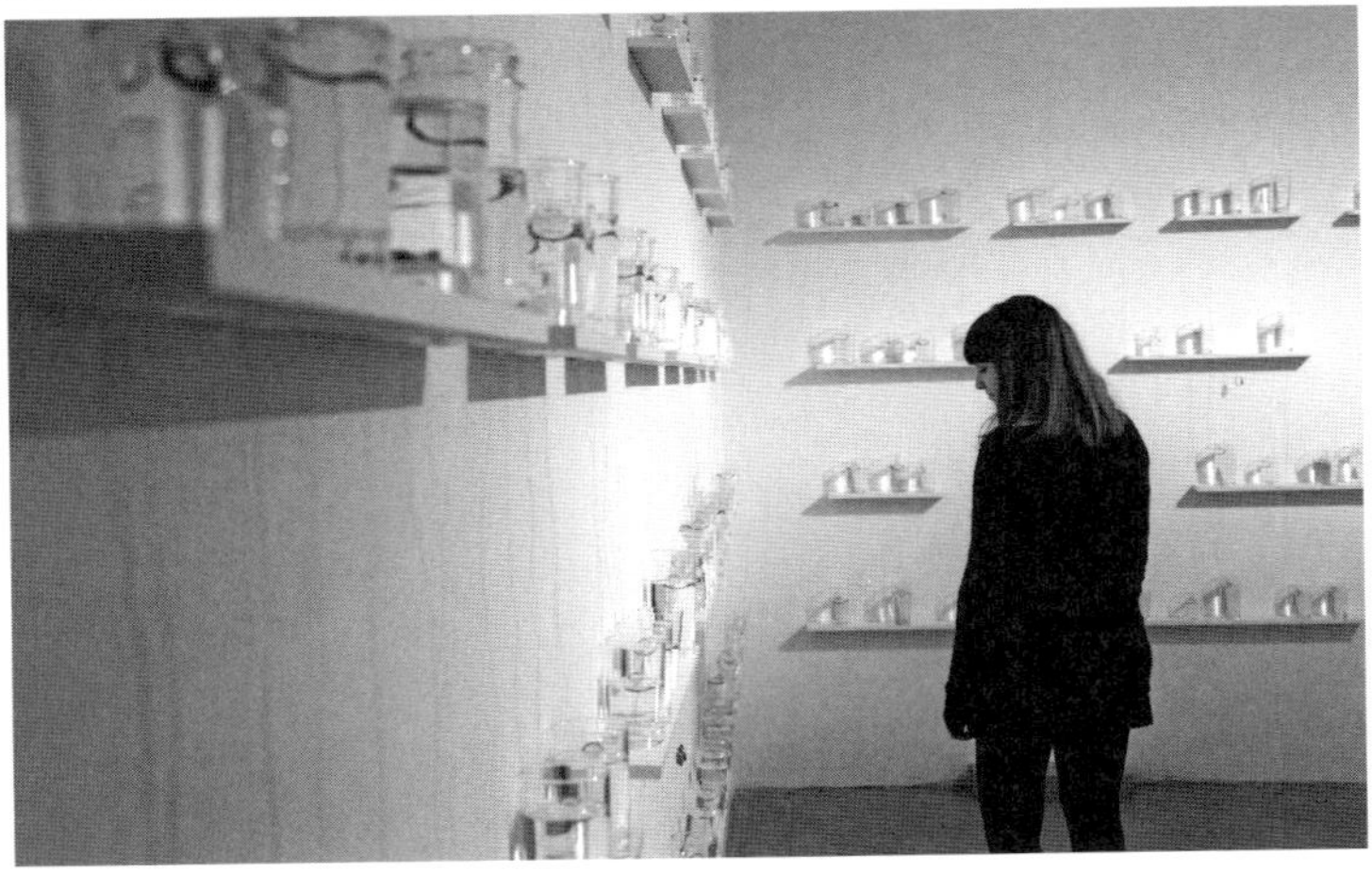

「チジキンクツ」は、「地磁気」と「水琴窟」を組み合わせた造語。グラスの中の水に浮かべた針が地磁気と電流の作用によって、水琴窟のように音を奏でるサウンド・インスタレーションだ。地球がもつ磁性である「地磁気」を、人は大航海時代には方位磁針として、現代ではスマートフォンの機能として活かしてきた。しかしその原理もいまだよく解明されてはいない。「水琴窟」とは日本庭園における伝統的装飾の一つで、手水鉢近くの地中の瓶に水滴が落下し、反響する音を楽しむ仕掛けである。展示室内には、コイルが取り付けられたグラスが数百個並んでいる。グラスの中の縫い針は磁化されていて、地磁気の作用によって南北を向いている。グラスにはコイルが蒔かれ、時おり電流が流されることで磁場が変化すると、縫い針がグラスの表面に当たり、繊細なそしてどこか心安らぐ音を奏でる。現代音楽の専門家がいる審査会で、既存の音楽の概念や規則そのものを超えてしまう作品を選ぶ姿勢に、このプリ・アルスエレクトロニカが確立された権威ではなく、絶えず革新を目指す精神を見出せる。

［事例］デジタルコミュニティ部門
「ウィキペディア」ゴールデン・ニカ賞（2004）

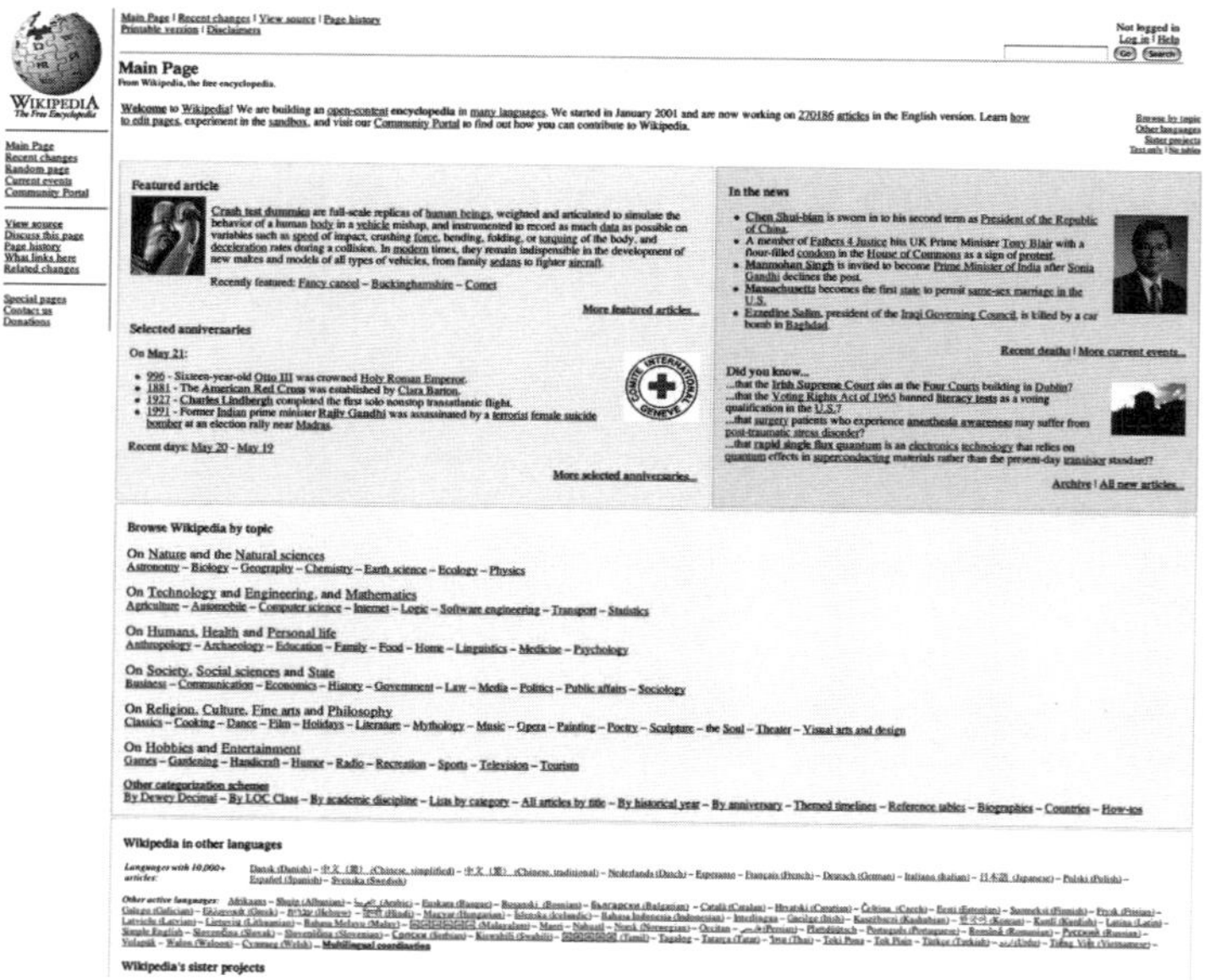

このカテゴリーの最初のゴールデン・ニカ賞の受賞者は、「ウィキペディア」であった。2001 年 1 月にラリー・サンガーが個人的なプロジェクトとして英国で立ち上げた百科事典の開発プロジェクトで、オンライン上で誰もが参加し自由に編集する百科事典として、現在では世界 291 言語での執筆が行われている。受賞当時、すでに「ウィキペディア」は大きな話題にはなっていたものの、まだまだ初期の段階であった。

それまでの一部の専門家による編集から、一般のインターネット利用者が誰でも自由に匿名で共同編集するという発想や、誰もが簡単に専門的な情報へのアクセスを提供することを可能にするというヴィジョン。著作権を作者がもつのではなく、著作物の作者が自身の著作権を保持したまま、その著作物の自由な利用、配布、改変を他者に許諾し、著作物を自由（フリー）に流通させせることを可能にするという「コピーレフト」という概念など、ウィキペディアが投げかけてくれた発想が、私たちの価値観に与えたインパクトは大きい。ソーシャルメディアが一般的に利用される先駆けとなったプロジェクトであり、シェア、コラボレーション、オープン、コモンズ、などさまざまな文化、価値観が生まれるきっかけになっている。

［事例］デジタルコミュニティ部門
「エル・カンポ・デ・セバーダ」ゴールデン・ニカ賞（2013）

市民プール建設計画がとん挫し、空き地になっていたマドリッドの中心地にある一角を、近隣の住民たちが協力してつくりあげた「みんなの広場（オープン・ソース・スクエア）」。ミーティングやイベントはすべての人に開かれ、さまざまな市民がもつアイデアや知識をシェアすることにより、広場を常に改善し続けている。最初は市民の自発的なアクションからスタートし、その後、市議会と市民が協力することとなった。現在ではマドリード市に認められ、ここで生まれたノウハウやツールは市が活用できる好循環を生みだしている。自分たちの街を行政に任せきるのではなく、また市民たちだけで活動するのでもなく、市民と行政と責任をシェアしながらつくる、まさに21世紀型のまちづくりのケースと言える。

[事例] ハイブリッド・アート部門

アートサット：アートアンドサテライトプロジェクト 「アートサット1：インベーダー」優秀賞（2015）

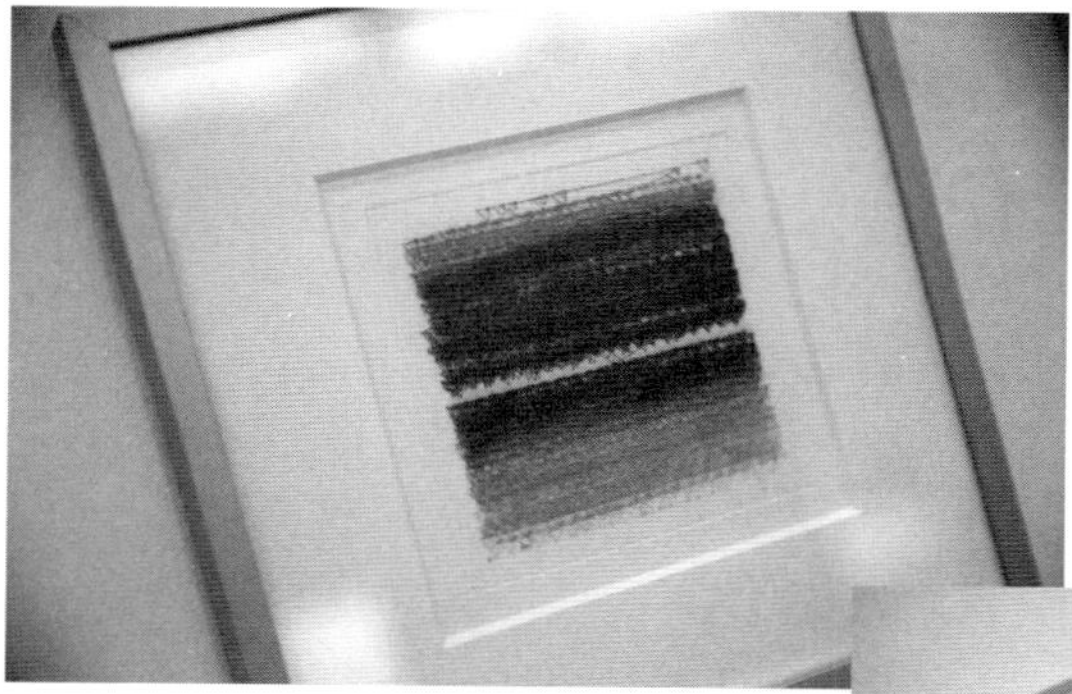

地球を周回する衛星を「宇宙と地球を結ぶ媒体（メディア）」として捉え、宇宙の芸術文化活用を推進する多摩美術大学（美術系）と東京大学（工学系）との異分野コラボレーションによる芸術衛星プロジェクト。プロジェクトリーダーは、多摩美術大学の久保田晃弘。2014年、世界初の芸術衛星「アートサット1：インベーダー（ARTSAT1: INVADER）」の打ち上げに成功、「アートサット1」が宇宙から送信するさまざまなデータを利用してインタラクティヴなメディア・アート作品やサウンド・アート作品などの制作を行った。「アートサット1：インベーダー」は、大きさ10センチ角、重さ1～2キロのキューブサットと言われる超小型衛星。小型で安価なパーソナルコンピュータの登場が、アート、デザイン、エンターテインメント、ビジネスなどの領域でのイノベーションを引き起こしたように、超小型衛星の開発に現在大学や民間企業などが取り組み始めている。宇宙と地上をつなぐメディアとしての衛星がどのような文化や社会変革を生み出すのか。アートサットプロジェクトは、こうした宇宙開発の裾野の広がりに触発され、これまで科学技術の視点から設計・開発されてきた衛星や宇宙機を芸術デザインの分野で活用しようとする取り組みだ。

[事例] u19 ―クリエイト・ユア・ワールド部門

アグネス・アイストレイトナー「革命の状況」

ゴールデン・ニカ賞（2012）

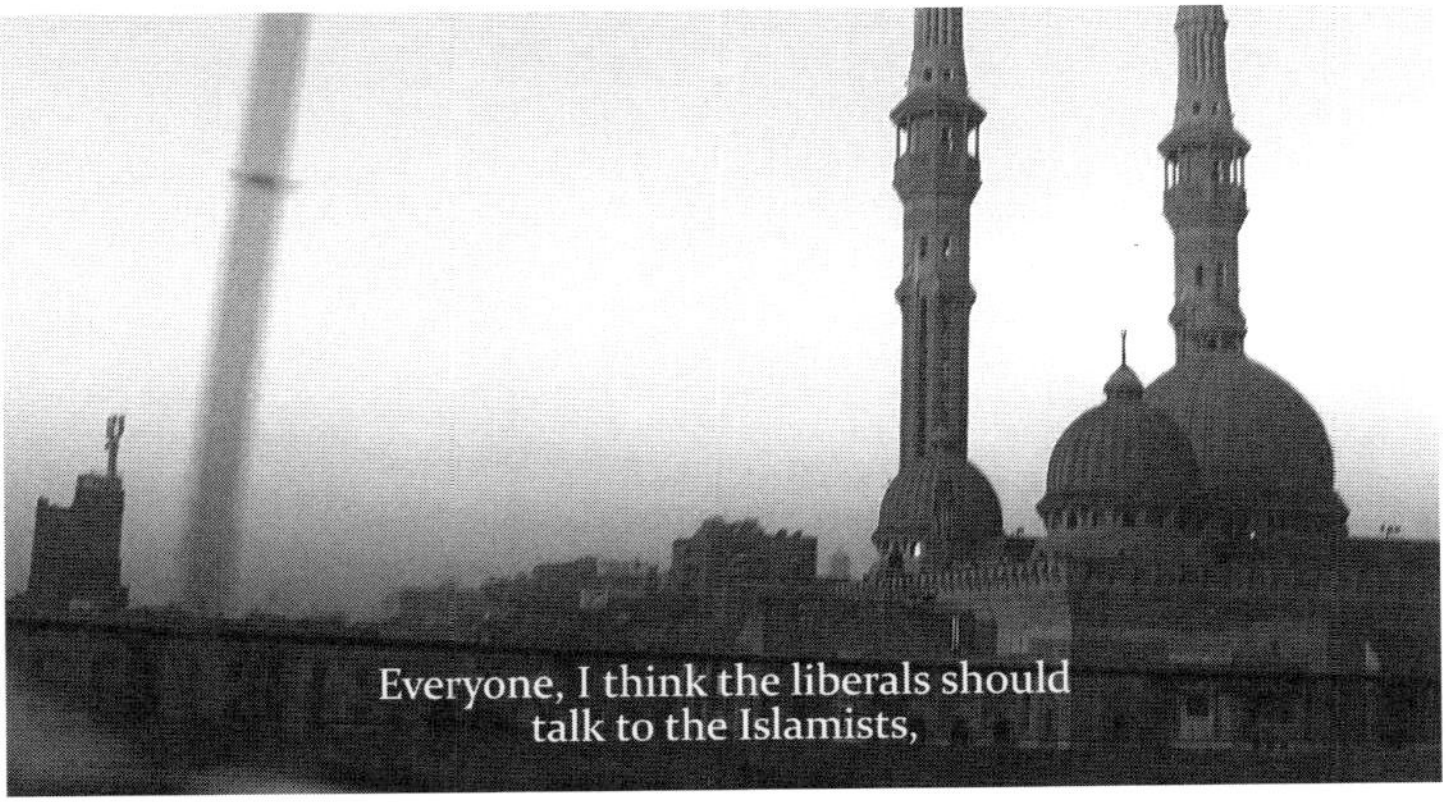

1993 年生まれの当時 19 歳の学生が、エジプトの民主化運動の状況を自らが現場取材し制作した 15 分間のドキュメンタリービデオ作品が、2012 年の u19 ―クリエイト・ユア・ワールド部門の最高賞に選ばれている。

2010 ～ 2011 年にかけて、北アフリカや中東などのアラブ世界で広がった反政府運動は、アラブ諸国で長期に渡り続いていた独裁政権を一気に崩壊させた。この「アラブの春」と呼ばれる一連の民主化運動において、フェイスブック、ツイッター、ユーチューブなどの SNS、携帯電話が各地での抗議運動を真っ先に伝え、アル・ジャジーラによるテレビ報道がその様子をさらに拡散することで、国民レベルでの大きなうねりをつくりだしたと言われている。しかしこうしたさまざまなメディアの向こうで、果たして何が本当に起きているのかを知るために、彼女はソーシャルメディアをはじめとするツールを駆使したリサーチを続け、最終的にはネットを介して知り合ったエジプトの人々に直接会いに行き、自分の目でその複雑な社会状況を目撃し、ビデオ作品としてその記録をつくりあげた。最先端のメディアアートが集まると言われるアルスエレクトロニカ・フェスティバルがこのビデオ作品を最高賞として選んでいる事実に、このフェスティバルの精神が象徴されている気がしてならない。

［事例］u19—クリエイト・ユア・ワールド部門

サラ・オース「エマ・フェンシェル／ファム・シャネル」

ゴールデン・ニカ賞（2014）

女優オドレイ・トトゥが主演するシャネルのコマーシャルと主演した映画のさまざまなシーンを組み合わせて、再編集しまったく新しいストーリー（映像作品）をつくりだした作品。主人公の名前「エマ・フェンシェル」は、「ファム・シャネル」のアナグラム（※言葉をつづり変えることで、まったく別の意味の言葉をつくりだすこと）。白黒とカラーの切り替え、音楽のトランジション、編集の全体的なリズムなど、映像と音、ストーリーが極めて高い完成度を実現している。もとの映像のフランス語音声と再編集された映像のドイツ語字幕は内容がまったく異なっており、その混乱に新しい意味や考え方の広がりを呼び起そうとする仕掛けが組み込まれている。

映画やコマーシャルを批判的に捉える視線。映像と編集の極めて高いクオリティ。10代の少女が手掛けたことに心底驚いた。

(6) u19―クリエイト・ユア・ワールド部門

オーストリア在住19歳以下の若者を対象とした部門で、「Create Your World」という言葉が示すとおり、「あなた自身が世界を変える力となる」ことを励まし、そのために「自分自身の手で何かをつくりだすこと」を奨励する。ここでは、アニメーション・映像作品、サウンドクリエーション、ウェブデザイン、アプリケーション、社会的なプロジェクトなど、作品やプロジェクトのジャンルや表現方法はまったく問われていない。個人でも、グループでも応募することができる。受賞者には賞金も提供されるが、同時に、審査員からのフィードバックも受け、自分自身のヴィジョンや創作をさらにより良くしていく機会が提供される。

(7) ヴィジョナリー・パイオニア部門

スタートから35年目を迎えた２０１４年に新設された新しいカテゴリー。アート&テクノロジーの領域において礎を築いた先駆者や、その発展に大きな影響を与えた人物を表彰する。新しい世代の担い手たちと、パイオニアの世代をつなぐことがこの部門の目的だ。受賞アーティストたちが自らその軌跡と次のヴィジョンを語るカンファレンスに毎回多くの人たちが詰めかける。

２０１６年は、ポーランド生まれのメディア・アートの評論家、キュレーターであるヤシャ・ライハートが選出されている。彼女が当時副所長を務めていたロンドンのＩＣＡ（現代芸術センター）で１９６８年に企画された「サイバネティック・セレンディピティ展」は、コンピュータとアートとの接点をテーマに開催された世界で最初の展覧会と言われている。

高度な審査——チャレンジ精神

アルスエレクトロニカは、このコンペを通して、さまざまな領域のトップクラスの専門家たちを審査員として招き入れ、国際的なネットワークを広げている。リンツ市は世界的なパートナーシップを形成しながら、アートとテクノロジー、サイエンスの領域におけるハブとして存在感を高めている。

それにしても、常に時代変化に対応しながら、これからのテクノロジーと人、社会のありようを問い続け、世界的なコンペティションを運営することが、いかに大きな挑戦であることか。そのチャレンジ精神こそが、審査員として関わる世界各地の専門家や知識人、アーティストの士気を高め、共感とつながりを生みだし、「アルスエレクトロニカのコミュニティ」と呼ばれるネットワークをつくりあげている。

プリ・アルスエレクトロニカとは、アルスエレクトロニカの活動全体の質と価値を決め、信頼とネットワークをつくりだしている最大の原動力である。絶え間なく新しい発想を招きいれ、常に新鮮な発想が呼び込まれることで、アルスエレクトロニカの活動が鮮度と価値とを高め続けられている。私は、過去二度のプリ・アルスエレクトロニカ審査員の経験を通して、そのことを強く実感した。

3 審査員——審査基準は「どれだけ社会を変える力を秘めているか」

私は2014年と2015年の2年間、このプリ・アルスエレクトロニカの審査員を務めた。2014年はデジタルコミュニティ部門の、2015年はネクスト・アイデア部門の審査に参加した。*4

世界各地から招聘された審査員たちは、バラエティ豊かな顔ぶれだ。例えば、2015年はアニメーション作家、デジタルメディア・アーティスト、映像監督、大学教授、科学者、プログラマー、サウンドデザイナー、物理学者、心理学者、作曲家、グラフィックデザイナー、キュレーター、イベントオーガナイザー、企業の研究開発部門やイノベーション部門の責任者など、総勢25名が一堂に会した。国籍、専門領域、職業の多様性、そしてジェンダーバランスにも慎重に配慮がなされている。

審査員を選ぶ基準について、芸術監督のゲルフリート・ストッカーに尋ねると、自分の経験や専門性に固執せず、他の専門家たちと対話を通して新しい視点を見つけようとする姿勢を挙げた。対話を生みだす姿勢をもっている人たちと、このコンペティションを一緒につくりあげたいのだと。

ちなみに、審査員は絶えず入れ替わる。アルスエレクトロニカの活動全体の新陳代謝、変化対応力や柔軟性を高めると同時に、世界各地の専門家たちのネットワークを拡張するためだ。過去30年近く、このコンペティションを通して、アルスエレクトロニカが築き上げてきた世界規模でのアーティストネットワークは膨大なものがある。

審査会の体験

2014年のデジタルコミュニティ部門の審査員の経験から、プリ・アルスエレクトロニカの審査会の特徴を記したい。

審査会は3日間に渡って開催される。審査会の前夜には、アルスエレクトロニカ・センター内最上階にある「スカイロフト」で顔合わせのウェルカムディナーが催され、和やかな雰囲気で、審査員同士の会話が少しずつ生まれていった。運営側の丁寧な対応と配慮には他の審査員たちもみな驚いていた。ムードづくりがとても上手い。審査員たちと話をするとわかったのだが、どの審査員もそれぞれにこのコンペティションに参加することに少なからずの緊張感をもって臨んでいた。

実際の審査会は翌日から始まる。審査部門ごとにセンターやフューチャーラボの部屋が割り当てられ、2日半に渡る審査会がスタートする。デジタルコミュニティ部門の審査員は私を含めて5人。こんなチームだった。

イアン・バナージーはウィーン在住のアーバンプランナーで、ウィーン工科大学で教師を務めている。インドで生まれた後、アフリカ、アジア、ヨーロッパなどで過ごし、ウィーンで建築を学んだ。ブラジルの環境首都として知られるクリチバの都市計画に関する論文でマスターを取得した後、オーストリア国営放送局などで都市計画、アーバンイノベーションに関するドキュメンタリー映像等を多数製作した経歴ももっている。イアンの専門は「教育と都市」。

ライーナ・グリーネは、ICT領域の専門家。とりわけ、ICTを活用して社会の環境負荷を低減する「グリーンICT」の専門家として、いくつかの企業を興し、現在は通信事業を手掛けるインドネシアの企業のエグゼクティブディレクターを務めている。またアジア・パシフィックインターネット・アソシエーショ

2014年デジタルコミュニティ部門の審査員メンバーやスタッフたちと（左端が筆者）

ンの事務総長も務めている。彼女は自身を社会起業家、そして世界市民と呼んでいた。

ライラ・ナハワティは、スペイン・マドリッド在住の人権活動家。メディア・テクノロジーと表現の自由が彼女のテーマで、これまでに「シリア・アントールド（Syria Untold）」や「グローバル・ヴォイス（Global Voices）」といったオンライン・メディアを立ち上げている。「シリア・アントールド」は、シリア人のジャーナリスト、作家、プログラマー、デザイナーたちが立ち上げたデジタルアーカイブで、シリアの市民運動の現実を伝える活動を展開している。

サルヴァトーレ・ヴァナスコは、アーティスト、ソフトウェア開発者、そして起業家だ。「ヨーロピアン・メディアアートラボ」の創設者であり、現在は自身で興したソフトウェア開発会社「ザイラボ（xailabs）」のＣＥＯを務めている。ドイツ・シュトゥットガルトの学校で教授と学部長を長年務めている。

多領域から集まる審査員メンバー

審査会でのディスカッションを通して気付いたことは、審査員の多くが複数の専門性を横断しながら活動していることだった。そこから彼らにしかない独自の視点が生まれてくる。彼らは、自分以外の専門性をもった人に対しても、オープンな姿勢で好奇心をもって接してくれる。無理矢理そうしているのではなく、自然に他者の話に耳を傾けられる。言語も、国籍も、専門性もまったく違う審査員たちが集まり、有意義なディスカッションを行うためにも、自分の専門性や経験に固執しない、こうした姿勢が極めて重要だと感じた。

審査基準をつくることから始まる

２０１４年のデジタルコミュニティ部門には、審査員推薦枠を含めて、合計１７２件のエントリーがあった。審査員は事前にオンライン上でエントリー作品をすべて見ておくことが義務づけられていた。各審査員が自分なりの審査基準や選考指針を明確にしておくためである。

審査会の初日は、それぞれの視点で審査基準として着目すべき視点を提案しあうことから始まった。つまり、同じカテゴリーでも毎年同じ審査基準にはならない。審査員は応募作品をただ審査をするのではなく、新しい価値の発見に「貢献」することが求められる。ここでは、審査とは評価するのではなく、価値を見つけだすチームの共同作業なのだ。

その年の審査基準として各審査員からどのような視点がもち込まれたのか、今この作品を選ぶ必然と理由、意味や価値については、最終的には各部門の審査結果の発表時に審査員のステイトメントとして明らかにされる。

プリ・アルスエレクトロニカは「アート、テクノロジー、社会」、そしてその領域を分野横断的に捉えることが方針であるため、デジタルコミュニティ部門においても、エントリーされてくるプロジェクトのテーマが、例えば、環境保全に関する活動、教育普及活動、社会貢献活動、地域コミュニティ再生のための取り組み、文化芸術に関するプロジェクトなど多岐に渡り、その担い手も大規模な組織から小さなコミュニティレベルまで、スケールの差が大きい。

テクノロジーが生みだす社会現象、急速に変化する社会状況の最前線で、さまざまな挑戦や取り組みから注目すべき視点や発想、変化の先端を読み取るには、審査員自身も時代を考察する視点を見つけださなければならない。私はこの審査基準を議論しあう最初のプロセスにおいて、プリ・アルスエレクトロニカのもつ意義に気付かされた。

２０１４年のデジタルコミュニティ部門は、テクノロジーの可能性を活かした社会課題への新たな解決策を見出すことが目的であるため、プロジェクトの、①継続性、②実効力、③公益性を前提としつつ、私たちはさらに「レジリエンス」「ゲームチャンジャー」「草の根的な取り組み」「システム設計力」「オープンソース」「変革力」「平等と包摂」「教育的」「コモンズ」といった視点を挙げていった。特に「レジリエンス」というキーワードに対する審査員全員の関心は高かった。弾力性という意味から来ているこの言葉には危機的な状況への即時的な対応力、回復力という意味がある。

こうした審査員各自の「問い」を共有しあうプロセスは、お互いをより良く知り合うことにもつながり、チームの連帯感を醸成した。それは審査そのものをより本質的かつ具体的な議論へ進めるためにも有効であった。「答え」の応酬は時に対立を生むが、「問い」の共有はつながりを生むのだ。

初日は、172件すべてのエントリーを一つひとつ確認しあいながら、次のステージに残すべきものを選び出していった。途中午後の昼食をはさんで、全員で集合写真を撮影。これはちょっと楽しい経験だった。最終的に37件まで絞り込んだ段階で夕方6時となり、初日は無事終了。その後、審査員たちは全員が貸し切りバスに乗って、リンツ市の主要産業である鉄鋼会社フェストアルピネ社の工場見学に出掛けた。広大な敷地に広がるプラントと、煮えたぎる溶鉱炉を見学するこのツアーは審査員同士のつながりと、リンツ市への理解を深める機会にもなった。

後日、親しくなった審査員たちと話すと、彼らも同じ印象をもっていた。審査員の一体感を生み、仕事を超えたつながりをつくることをアルスエレクトロニカのチームがどれほど大切にしているのかということを誰もが感じていた。

2日目は前日に絞り込んだ37件を振り返り、時に自分たちで設定した審査基準を横目で見ながら、各審査員が次のステップに残すべきものをさらに絞り込んでいった。この段階になると、やはり審査員の視点がぶつかり合い、議論がヒートアップしていく。最終的には最高賞であるゴールデン・ニカ賞を1つ、次点となる優秀賞を2点、入選作品12点をなんとか選び出した。

最高賞を決める議論

最後の最後まで、ゴールデン・ニカ賞を競い合ったのは、日本の「ふんばろう東日本」と、スペインの「ゴテオ（GOTEO）」という二つのプロジェクトだった。「ゴテオ」はクラウドファンディングのプラットフォームサービスだ。地域社会の課題を解決しようとする個人のプロジェクトや、社会活動、教育や文化に関する取り組みなど、公益性の高い取り組みを支援することを主な目的にしている。またこうした市民レベルのさまざまな社会活動を支援するサービスも提供している。オンライン上のプラットフォームとしての完成度も高く、クラウドファンディングの成約率が70％を超えるという高い成果も生みだしている。

「ふんばろう東日本」は、東日本大震災直後に生まれた市民のボランティア・ネットワークで、災害現場に速やかに入り、リアルな人的ネットワークによって被災地が求める真のニーズを細かく拾い上げ、既存のオンライン上のサービスを組み合わせて活かすことで、被災地の住民が直面しているさまざまな問題解決を素早く実現していった。

どちらも日本とスペインというそれぞれの社会が直面した社会の危機的な状況のなかで立ち上げられた点で共通している。「ふんばろう東日本」は東日本大震災という未曾有の大災害という状況下、「ゴテオ」は経済不況と社会保障の削減など厳しい社会状況から生まれたプロジェクトだ。どちらも社会が危機的な状況に直面した際に、行政など既存の枠組みや意思決定メカニズムでは十分に対応しきれない、あるいは機能不全に陥った状況で、個人の発想によってその危機に瞬時に対応した二つのプロジェクト。審査会での重要なクライテリアとして注目されていた「レジリエンス」を発揮したプロジェクトだ。その点において、この二つは際立っていたし、甲乙付け難いものがあった。

そのなかで、最終的に「ふんばろう東日本」がゴールデン・ニカ賞を獲得したのは、実は私が審査員の仲間たちに提案した一言がきっかけだった。「今クラウドファンディングと、クラウドソーシングのどちらのアプローチに着目すべきか？」危機的な状況に即時に反応して、人々のボランティア・ネットワークをつくりだしていったことに他の国の審査員たちは正直信じ難いという印象をもっていたようだった。市民による市民のための自治モデルが現実に成立した事実。いわば「社会資本」としての人間がもつ力が、危機的な状況に即応して課題を解決したという現実が、審査員たちの判断を「ふんばろう東日本」へと傾ける要因となった。当初の目的とする課題が解決すれば速やかに解散するという、一つのモデルに固執しないこのボランティア活動のラジカルな運営方針も評価のポイントとなった。人間（ヒューマンリソース）の集合としての「クラウドソーシング」。そして「レジリエンス（危機回復力）」という時代の争点を体現するプロジェクトとして私たちは「ふんばろう東日本」をゴールデン・ニカ賞に選出した。

審査会の最終日、部門ごとに白熱した議論を繰り広げてきた審査員たちが初日のウェルカムパーティーが行われたミーティングルームに集まり、それぞれの部門でどのような結果に至ったのかを、審査員ステイトメントとして順に発表しあった。息をのむ一瞬。

私たちデジタルコミュニティ部門の審査員チームは、次のようなコメントを発表した。「今日の世界は、金融危機のような多くの混乱、インターネットの検閲の増加、政府の監視などさまざまな危機に直面しています。人類のレジリエンスは私たちの生き残りの鍵であり、我々はその基準に合致したプロジェクトを選択しようとしました。（中略）気候変動や自然災害の影響で世界の成長する地域社会が苦しむという事実を背景に、我々はこのプロジェクトを選びました。世界の他の地域でも大いに参考可能なモデルだと判断します」。

翌日、他部門の審査員を務めていたチリのアーティストと話をする機会があった。彼は今回のデジタルコミュニティ部門の審査結果に対して大きな関心をもっていると語った。「チリでも自然災害はいつも起きる。苦しい状況に直面した人々のために尽くそうと誰よりも真っ先に現場に入っていこうとする勇気ある人たちもいる。しかし国や政治家たちはその事実自体をなかったことのようにしようと圧力をかけてくることがあるんだ。以前、チリの地震の時に発生した津波が日本まで到達したよね。日本とチリは地球の反対側の国だけど、海でつながっている。今度は、日本での勇気ある人たちの取り組みを、僕たちの国にもつなげていってほしい」。

上：デジタルコミュニティ部門の審査風景（2014）
下：u19 ―クリエイト・ユア・ワールド部門の審査風景（2015）

2年目の審査経験を通して

２０１５年のネクスト・アイデア部門でも審査員を務めたが、この部門はデジタルコミュニティ部門と同様に２００４年からスタートしたもので、構想レベル、プロトタイプ段階のアイデアを募り、選考されたアーティストは、さらなるプロジェクトの発展やその社会実装のためのサポートを受けることができる。未完成でも構わない、若くて新鮮で大胆な発想を応援し、その取り組みが具現化することを支援するのがこの部門のミッションだった（現在、このカテゴリーは終了している）。

この年の審査員は、アルスエレクトロニカ・フューチャーラボの所長であるホースト・ホートナー、リッケ・フリスク、ヤミナ・アウイナ、地元企業のフェストアルピネ社のミヒャエル・シュテーラ・エーベンフェェーラが務めた。審査員は誰もがネクスト・アイデア部門のミッションを理解して参加していることは当然だが、それ以上に、この部門に集まる若くてフレッシュな才能の支援に情熱をもっている人たちばかりだという印象を強く覚えた。

例えば、リッケはコペンハーゲンで音楽イベントと若いイノベーターたちが集う独自のライブイベントを主催しているし、こうした場づくりを通して、地元に住む同じような志をもった建築家、デザイナー、アーティストたちのネットワークをつなぐ役割も担っている。

ヤミーナは企業のなかのイノベーション担当として、従来の企業内の縦割りの組織を超えて、ユニークな才能をつなぎ、商品開発をはじめ、新しいビジネスの可能性を探求している。ミヒャエルは地域を担うスポンサー企業の広報担当としてこの審査部門を長らく支援し続けてきた。アート、テクノロジーの可能性、そして世界中から集まってくるアーティストたちの若くて斬新な発想を、いかに新しい産業創出の可能性、そして地域社会の活性化に活かすことができるかを考え続けている。

他の部門のようにテーマやアプローチや手法を問わない、「新しいアイデア」とだけ規定された部門であるため、集まったアイデアは多岐に渡った。一方、医療、食料、環境汚染、災害など、今人類が抱えているさまざまな社会課題を解決しようとするアイデアが多いことに驚いた。その解決のためのアプローチがスマートエンジニアリングから、ＤＩＹ的なアプローチまで幅広い。エントリーされてきたプロジェクトを見ると、今、若いアーティストやエンジニア、科学者たちが、その発想や技術をどんな目的のために活かしたいと考えているのかが照らし出される。

審査会では、「これが次の新しいアイデアだ」とみんなを勇気づけるものを選ぼうという結論に至った。アイデアそのものの善し悪しだけでなく、そのアイデアを生みだすアプローチの新しさ、これからのアーティストの社会的な役割を占うような、ロールモデルとなりえる存在を見出すことが、審査基準となった。

最終的に選ばれたのは、インドネシアの「ソヤ・クチュール（「SOYA C(O)(L)TURE」）」というプロジェクトで、この取り組みを手掛けたエックスエックスラボ（The XXLab）は、まさにそんな「ロールモデル」という言葉が相応しいチームだった。

エックスエックスラボは、インドネシアの古都、ジョグジャカルタに住む5人の女性たちのチームで、「ソヤ・クチュール」は、食品生産（豆腐）の製造過程で生まれる液体廃棄物が引き起こす河川の水質汚染を防ぐため、その液体廃棄物を布の代わりに使うことができる新しいテキスタイル（バイオレザー）、環境に配慮したバイオ燃料や新たな食料品（エディブルセルロース）に変えてしまうソーシャルプロジェクトだ。プログラミング可能なバクテリア、組織培養の技術等も活用しているが、それらは安価なＤＩＹ的アプローチで、家庭のキッチンでもできる方法で行っているという。

エックスエックスラボの5人の女性は、ミュージシャン、ファッションデザイナーなど多様な顔ぶれ。地元のファブラボなどを使いながら活動している。多様な人たちが集まり、お互いの発想や得意なことを活かしながら、新しい価値を生みだそうとするその協働スタイル、水質汚染を防ぎながら食品やテキスタイルをつくりだしてしまう価値転換の発想、地域社会の持続可能性に直接的につながる創造的な取り組み、バイオテクノロジーの活用、そして低所得地域での女性たちの社会的役割を考えさせるきっかけとして、ロールモデルになり得るプロジェクトだと審査員一同が見解を一致させた。

その年の秋に開催された、アルスエレクトロニカ・フェスティバルで、エックスエックスラボのメンバーたちと会うことができた。インドネシアと彼女たちが暮らすジョグジャカルタのこと、ファブラボなどの新しい取り組みのこと、ミュージシャンの女性とはお互いに好きなロックバンドの話もした。そんな会話のなかで、インドネシアにおける富裕層と貧困層、あるいは都市部と農村部との格差について教えても

上：豆腐の製造過程で生まれる廃棄物を布や燃料、食品に変えてしまう「ソヤ・クチュール」プロジェクト（2015）
下：「ソヤ・クチュール」を手掛けたエックスエックスラボ（The XXLab）のメンバー

らった。都市部へと働きにでる人たちが多いなかで、彼女たちはこの場所で自分たちの手でできることを見つけようとしていた。エックスエックスラボはまさにそうした背景のなかで生まれたプロジェクトだ。テクノロジーがその社会を変える力になっていく。これからの新しいアイデアは、エックスエックスラボのような人たちから生まれてくるのだろう。

人と出会い、対話する——アルスエレクトロニカの精神

二度の審査員経験を通して、私はこのプリ・アルスエレクトロニカに流れる精神、その意思を深く実感することができた。プリ・アルスエレクトロニカは技術のトレンドを追うものでも、優越を決めるものでもない。作品性だけでなく、次の時代の社会現象、文化現象を引き起こす「要因」を探り当てようとする、極めて冒険的な取り組みだ。未来を変えるインパクト、社会を変える可能性がどれくらい内包されているか、そして今、何に光を当てることが、多くの人たちを励まし、勇気づけるのかを、広い視野から考えている。プリ・アルスエレクトロニカは、新しい未来社会のコンセプトが生まれる苗床なのだ。

そして、このコンペティションがアルスエレクトロニカ全体の活動において、未来を観測し、アートとテクノロジーが社会にもたらす可能性を探索し続ける大きな原動力となっている。世界各地の専門家を結びつけ、そのネットワークによって、アルスエレクトロニカの活動の持続性と信頼、クオリティを生みだ

している。その根幹には、異なる発想をもった人と出会い、対話することを大切にする精神があった。

――アルスエレクトロニカと世界をつなぐネットワークは人を介して常にアクティブな相互作用を起こしています。世界中から選ばれた審査員たちは、その分野のエキスパートであり、特定の地域のインフルエンサーたち。アーティストとのネットワークも同様です。審査も、授賞式も、展示も、シンポジウムも、リンツでの体験を持ち帰ってもらうことで、今度は彼らのネットワークに我々が招かれ、さまざまな活動につながるのです。

（小川絵美子／プリ・アルスエレクトロニカ・ヘッド）

アルスエレクトロニカ・アーカイブ――「問い」は古びない

過去30年近くにおよぶプリ・アルスエレクトロニカの記録、応募作品はすべてアーカイブ[*5]として所蔵されている。またオンライン上でも過去の受賞作品が公開されており誰でも閲覧することが可能だ。その時代時代において、進化するテクノロジーの最前線では何が起きようとしていたのか。そこにはどんな人たちがいて、彼らはどのような発想、ヴィジョン、問いをもっていたのか。どんな新たな可能性に挑戦しようとしていたのか、このアーカイブを通していつでも触れることができる。

過去の受賞作品が投げかける「問い」の本質は、使われているテクノロジーがその時々のものであっても、常に新しい発想や刺激を提供してくれる。重要なのは、どんな問いを投げかけているのかということで、テクノロジーは乗り物なのだということに気づかされる。その意味で、歴史をアーカイブすることは、未来に直結する仕事だと思う。それをオープンにアクセス可能としていることは、リンツ市の市民をはじめ、世界中の人々にとって貴重な文化的資産ではないだろうか。

［注］

＊1　現在、公募部門である6部門のうち、「ハイブリッド・アート」と「デジタルミュージック&サウンドアート」、そして「インタラクティブアート・プラス」と「デジタル・コミュニティーズ」という2組の部門は隔年ごとに募集されている。「コンピュータ・アニメーション／フィルム／ヴィジュアル・エフェクツ」と「u19―クリエイト・ユア・ワールド」は毎年公募を受け付けている。

＊2　プリ・アルスエレクトロニカの運営は、アルスエレクトロニカ社とオーストリア放送協会オーバーエスターライヒ局との共催で運営されている。

＊3　これまでにゴールデン・ニカ賞を受賞した日本人アーティスト［デジタルミュージック&サウンドアート部門］の場合

・池田亮司（2001年）
・刀根康尚（2002年）
・Astro Twin＋Cosmos（吉田アミ、ユタカワサキ、2003年）
・三輪眞弘（2007年）
・赤松音呂（2015年）

＊4　「ネクスト・アイデア部門」は、プロトタイプ段階のアイデアを募り、選考されたアーティストは、さらなるプロジェクトの発展やその社会実装のための支援を受け取ることができるというものであったが、2015年にこの部門は終了している。

＊5　「アルスエレクトロニカ・アーカイブ」http://archive.aec.at/prix/

INTERVIEW

アグネス・アイストレイトナー

［ウィーン大学の学生、u19受賞者］

プリにはビデオ作品ができた時に、学校の先生からエントリーを進められましたが、その時はまだアルスエレクトロニカのことは知りませんでした。

アラブの春と言われた反政府運動が起きたのは私が17歳の頃です。何が起きているのか気になって報道を見続けました。でも「すべてが変わってしまっています」と繰り返すだけ。一方で「革命なんて始まる前に鎮圧されてしまう」と言っているように感じました。

1年半ほど新聞やソーシャルメディア、書籍を通して考えた結論は、実際に行くしかないってことでした。エジプトに行く前に大学教授、学生、ジャーナリスト、活動家にメールでインタビューを依頼するとすぐに返信がありました。会ったことはなかったけれど、彼らは親切で空港まで迎えに来てくれたほどです。現地ではできるだけたくさんの人に会い、自分のカメラで、でも自分自身の考えは入れ込み過ぎないように撮影しました。

「あなたがそこに行ったことは非常に重要で、大切な意味がある」。ゴールデン・ニカ賞受賞のメールを受け取った時は信じられませんでした。あの旅は私を理想主義者から現実主義者へ変えたんです。今は大学で法律を学んでいます。

アルスエレクトロニカの凄いところは、多様なディシプリンをもった人たちを集められること。アート、テクノロジー、そして難民問題まで。ビジネスミーティングとはまったく違い、文化的な豊かさを求めて人に会える。ここに来れば自分の問いを深められ、そして何でも可能になる気がしてくるのです。

INTERVIEW

イアン・バナージー

［プリ・アルスエレクトロニカ審査員、ウィーン工科大学講師］

2013年からデジタルコミュニティ部門の審査員を務めました。審査員の間に親密な関係をつくりあげるアルスエレクトロニカの姿勢はユニークで、こんな運営は他で聞いたことがありません。

審査会を終えても関係が続く友人をたくさん得ました。人々がつながり、再会し、新しい議論が生まれる。ここは人々が学び合う場所、ラーニングイベントだと言えます。

私自身は「都市」が専門ですが、審査を通して改めてアートの重要性を学びました。アートは人間の願望や憧れ、希望、恐怖や脅威などのインスピレーションを感じ、伝える強力な手段です。人や社会を捉え、生活をより良く見ようとするクリティカル・シンキングの方法です。フューチャーラボとメルセデスベンツの共同プロジェクト、フューチャーモビリティ（189頁参照）はその素晴らしい具体例でしょう。

自動運転のクルマ、ビッグデータ、ネットワークシティ、IoT…、人の感情を考慮せずにプロダクトを売る企業も多いけれど、今後は変わるでしょうね。企業はアーティストを雇った方が良い。実際、デジタルテクノロジーはすべてを変えようとしています。

しかしこうした状況でどう生きれば良いのか、プレッシャーに潰されそうな若者たちもいる。人生はその人だけのもの、一人ひとりの個人の物語なのに。大きな社会の変化と個人の物語をどのようにつなぐことができるのか、それを考えるのが私の関心であり審査員の務めだと思います。

INTERVIEW

コニー・リー

［プリ・アルスエレクトロニカ審査員、
ラジオ局 FM4 プロデューサー］

u19部門の審査員を務めています。審査はルールも判断も完全に審査員に任されます。審査会以外にも一緒に食事をし、街を見学する時間が大切にされているのは、我々が深くつながり、信頼関係を築くためでしょう。その結果、審査員はお互いの意見を慎重に扱い、自分の意見をも再考しながら最良の審査結果を生みだします。この運営方法はアルスエレクトロニカが審査員の創造性を信頼している証拠でしょう。

若手のための部門なので、完成度よりも作者が新しい何かを生み出そうとする姿勢を重視します。とはいえ近年は映像作品のクオリティが驚くほど高くなっていますが。テーマには2015年以来、難民問題への関心の高さが現れています。家が壊され家族が離ればなれになることや、たどり着いた土地で「他者」として扱われる状況が描かれています。若い作者たちは世界経済やEUには関心がなくても、こうした人間性に惹かれているのです。授賞式も彼らにとって大切なステージで、自分の作品が現実の世界にインパクトを与えるのだという実感は彼らを勇気づけます。

私は地元のラジオ局に勤めているので、いつもメディアの役割を考えています。今は単に情報を伝える以上に、その解釈を視聴者と考える必要を感じます。アルスエレクトロニカもその意味でメディアなのでしょう。地元では身近すぎてその価値が意識されていないようですが、でもそれが大切なのかもしれません。

Episode
アルスのDNA

デジタル・カルチャーの動態をつかむ観測計
——コンペティション

プリ・アルスエレクトロニカの導入はアルスエレクトロニカの発展において、国際的にも地元においても、その役割とインパクトを次の段階にシフトさせました。魅力的な賞金やオーストリア公共放送局ORFによる抜群の宣伝力は、当時成長期にあったデジタル・アートのコミュニティにも歓迎され、賞としての国際的知名度とネットワークを築くことになったのです。

最初は数百の、現在は数千の応募作品がリンツに集まり、デジタル・カルチャーのあらゆる傾向が、毎年の結果にくっきりと映し出されます。プリのアーカイブは「デジタルの現代性」を記録してきた歴史書とも言えるでしょう。

賞の選出過程自体も、新しい可能性をつくりだしました。毎年の異なるテーマ設定がペーター・バイベルが芸術監督であった時代（1987～1995）に導入され、審査員である国際的エキスパートたちの選ぶ作品がそのテーマを補完してきました。プリによって、フェスティバルは新しいプロジェクトの研究所となり、またメディアアートの国際的ショーケースにもなったのです。評価された作品を毎年発信することで、テクノロジーやデジタル社会の発展についていく原理がつくられ、それは現在も変わらず機能しています。プリは他に類のないシンクタンクであり、トレンドを検知する繊細な観測計なのです。審査過程で得られる知識とインスピレーションは、フェスティバルに招待する他の作品選定にも重要な役割を果たしています。

このコンペティションはアルスエレクトロニカとリンツ市を有名にするだけでなく、その「クリエイティブ・エコシステム（生態系）」の要所として、アルスエレクトロニカの活動を継続的に支えてきました。

（ゲルフリート・ストッカー／アルスエレクトロニカ社社長、芸術監督）

アルスエレクトロニカの挑戦

第5章

［挑戦3］

ミュージアム

市民の創造性を育む場所

アルスエレクトロニカ・センターからメインデッキをのぞむ

1 アルスエレクトロニカ・センター

街の中央広場からまっすぐ延びたニーベルンゲン橋を渡りきったドナウ川沿いに、宇宙船が停泊しているかのように、アルスエレクトロニカ・センターが建っている。そのシルエットは、背後のペストリングベルクの丘に建つ教会の遠景とも相まって、現在と近未来とが混じり合う不思議な感覚を漂わせている。

センターの入り口近くのスロープ、手すり、ファサードには、訪れた人たちが入館の際に胸に貼ってもらう、アルスエレクロニカのシンボルマークを描いた丸い小さなステッカーが無数に貼られている。いたずらがいたずらを呼んで増殖しているようだ。２００６年に最初に訪れた時はまだ改装され新しく生まれ変わる前だったが、今でも変わらないのは、いつもたくさんの子どもたちで賑わっている館内の様子だ。

センターは、１９９６年にリンツ市の新たな文化施設、シンボルとしてオープンした。１９７９年にアルスエレクトロニカ・フェスティバルがスタートしてから15年以上の時が経とうとしていたタイミングでのセンターの完成は、それまでの活動を再定義する機会となった。あわせて運営会社としてアルスエレクトロニカ社がリンツ市の公営企業として設立され、組織も運営体制も新たに見直された。

未来の美術館

アルスエレクトロニカ社のミッションは、リンツ市民に文化・教育サービスを提供することである。フェスティバルや、国際コンペティション、世界各地のアーティストたちとのネットワークが築いてきた知的資産を、フェスティバルのような一過性の体験ではなく、日常的な環境として、多様な市民層に提供することが期待された。運営においても、「アート、テクノロジー、社会」という哲学は継承され、この方針を市民の生きる力に変えていく場となることがセンター設立の目的となった。

コンセプトは「未来の美術館（Museum Of Future）」。先端のサイエンスやテクノロジー、メディア・アート作品などが展示される場所という印象を抱きがちだが、それだけではない。「未来の社会、人々の生活における美術館や文化センターのあり方を体現する場所」という意味が込められている。

例えば、「オープン・アクセシビリティ」という発想で、アーティストや科学者が手掛けた展示物と来館者を区切る仕切りは取り払われた。来館者は展示に触れ、動かし、時には自分でつくってみることが奨励されている。その作品やそれを動かしている技術が、どんな可能性や意味をもたらすのか、鑑賞者自身が体験し、それを見出すためだ。ハプニングはつきもので、触ることで作品が壊れることもあるが、それも結果的には作品をより良くし、新しい課題や可能性を見つけるプロセスとして承認されている。

「観客」から「クリエイター」へ

２００９年にリンツ市が欧州文化首都となったタイミングで、センターは大幅な拡張が行われ、リニューアル・オープンした。展示空間が２５００平方メートルから６５００平方メートルにスケールアップすると同時に、運営方針や機能の進化も目指された。それは科学技術の最新動向やトピックスを「学ぶ」場所から、来館者の「つくりだす」行為をサポートする環境への進化だ。来場者を「観客」から「クリエイター」へ変える。そんなコンセプトが打ち出された。

以来、センターはさまざまな世代の来館者で賑わっている。センターの運営を担う２人のディレクターのうちの１人、クリストフ・クレマーは子どもを対象にしたスクールプログラムの成果をこう語る。

――子どもたちはロボットや３Ｄプリンター、ＶＲメガネといったデバイスを実際に体験します。大事なのは、まずそれらがどのように生活や社会に影響するのか、彼らとディスカッションすることです。次に、先生たちを同様に指導し、彼らがそのテーマについて子どもたちとディスカッションできるようにサポートすること。すると、子どもたちは両親や祖父母、叔父叔母とセンターに戻ってきて、スクールプログラムで得た興奮を彼らに熱心に話し始めます。つまり、私たちは単に子どもたちを教育するのではなく、先生を、そして家族を巻き込んで、テクノロジーに対する体験と議論を促しているのです。

（クリストフ・クレマー／アルスエレクトロニカ・センター・ディレクター）

2 センターの中をのぞいてみよう

(1) ディープスペース

16メートル×9メートルの壁面と床面の2面にプロジェクションできる巨大シアターで、世界の歴史遺産から、宇宙、人体、自然環境まで、毎日さまざまなプログラムが上映され、来館者はシアター内を自由に歩き回ることができる。2015年に4Kから8K対応へとヴァージョンアップされ、超高精細ギガピクセルの映像による圧倒的な没入感を伴う体験が可能となった。現実にはあり得ないほどの視覚体験を通して、身の回りから遥か彼方の宇宙まで、人を取り巻く世界を捉え直すことを可能にしたシアターだ。プログラムもヴァージョンアップされた。例えば、「ヒューマン・ボディ：人体という宇宙」では、筋肉、骨、内臓、血管系、神経回路網など、人体内部の様子が超高解像度の3次元モデル映像で体験できる。医師を目指す大学生のための医療教育プログラムの他、子どもから高齢者まで多様なガイダンスプログロムが用意され、インフォトレーナーたちが来場者の特性にあわせてナビゲーションを行っている。

(2) ジオシティ

世界の経済・社会に関するグローバルデータから、地元リンツ市に関するローカルデータまで、複雑な都市・地理情報を、来館者が直感的に把握できるインタラクティブなメディア環境が提供されている。巨大インタラクティブ都市マップでは、超小形カメラを搭載したタッチペンを使って、コードがプリントされた巨大なリンツ市の地図に触れると、その地図を媒介にして、街の現在と過去の地図情報、街の統計データが瞬時に引き出され、スクリーンに投影される。人と街、人と社会、人と地球に関する多様なデータを来館者が自由に探求することで、環境と人間の複雑な相互関係をより深く知る機会を提供している。

(3) テーマエキシビション

特別企画展示は、年間2~3のテーマをピックアップして実施される。体験型展示が基本で、アーティスト、技術者、科学者たちが探求する、現在進行中のプロジェクトを提示する。量子物理学の研究で知られるＣＥＲＮ（欧州合同原子核研究機関）など、世界各地の研究機関との交流を通して、ライフサイエンス、バイオテクノロジー、遺伝子工学、ニューロサイエンスといった分野まで、テクノロジーとサイエンスの最前線を学べる企画が進行中だ。

(4) キッズ・リサーチラボ

2015年にオープンした4〜8歳の子どもを対象とした「ハイテク・プレイグラウンド（遊び場）」。対象年齢の幅を広げ、より多くの子どもたちが科学技術を遊びながら学ぶ、人生で最初の機会を提供しようとする取り組みだ。子どもたちが興味関心に従って自由に「触れたがる」触覚的な特性を重視し、合計11のさまざまな「遊び道具」がインストールされた自由な「遊び場」が用意された。子どもたちは自分の興味に基づいて自由に空間を移動し、ユニークなデバイスやゲームに触れ、遊び、実験できる。

人気の実験道具の一つが、「ビーボット（BeeBot）」。ボタンを繰り返し押すだけでプログラムできる蜜蜂型ロボットで、押されたボタンとその回数に応じて、ロボットに特定の方向（前方、左、右、回転）、距離の移動を指示できる。物理的なオブジェクトと直感的な操作を通して、フロアにはさまざまなルートがプリントされ、子どもたちは直感的に空間認識しながら、さまざまなルートを描き、対応するナビゲーションコマンド（指示）をミツバチ型ロボットに与えていく。この遊びを通して、子どもたちは距離を推定し、方向を描き出し、ナビゲーションの言葉遣いを学ぶ。キッズ・リサーチラボのアプローチの背景には、ヨハン・ホイジンガが定義した、〝ホモ・ルーデンス〟の概念、「人間は自由に遊ぶ生き物だ」という発想、そしてアルバート・アインシュタインの「遊びは最高の研究形式である」という言葉がある。

(5) メインギャラリーと五つのラボ

センターの中心が地下の「メインギャラリー」である。ここは「新しい人間像」をコンセプトに最先端の科学分野のなかでも、人の身体にフォーカスした五つの体験型「ラボ」によって構成されている。

例えば、そのうちの一つ「バイオラボ」では、クローン植物を育てることができる。オーストリアは遺伝子組み替え作物に対して厳しい態度をとる国として知られ、市民の関心が高いテーマではあるが、実際にどんなプロセスで何が行われているのか、知る機会は限られている。社会的な議論の背景もわかりにくい。ここでは実際にクローン植物を育てることで、それが社会に与える影響を考える機会を提供している。

また、未来のクリエイティビティがテーマの「ファブラボ」では、タブレットモニター、3Dプリンターを使ったワークショップや作品制作を体験できる。デジタル工作機器や、アルドゥイーノ（Arduino）などの初心者でも扱えるマイコンボードなどの普及は、会社や自宅など限られたスペースでも、個人が手軽に「つくりたいものを自分でつくる」環境を支援し、パーソナルファブリケーション（個人製造）の動きを広げている。また個人のアイデアがオンライン上で共有され、新しいつながりや共同作業も生まれている。「ファブラボ」はこうしたデジタル技術が可能とした創作環境を来館者に開放するために設置された。

他にも、人とロボットの共存について、さまざまなロボットのあり方を体験できる「ロボラボ」、人体の内部、特に知覚の領域で実際に起きていることを見られる「ブレインラボ」、さまざまな音や音楽をつくる

上：ドナウ川沿いに建つアルスエレクトロニカ・センター
下：手すりやファサードに貼られた無数のステッカー

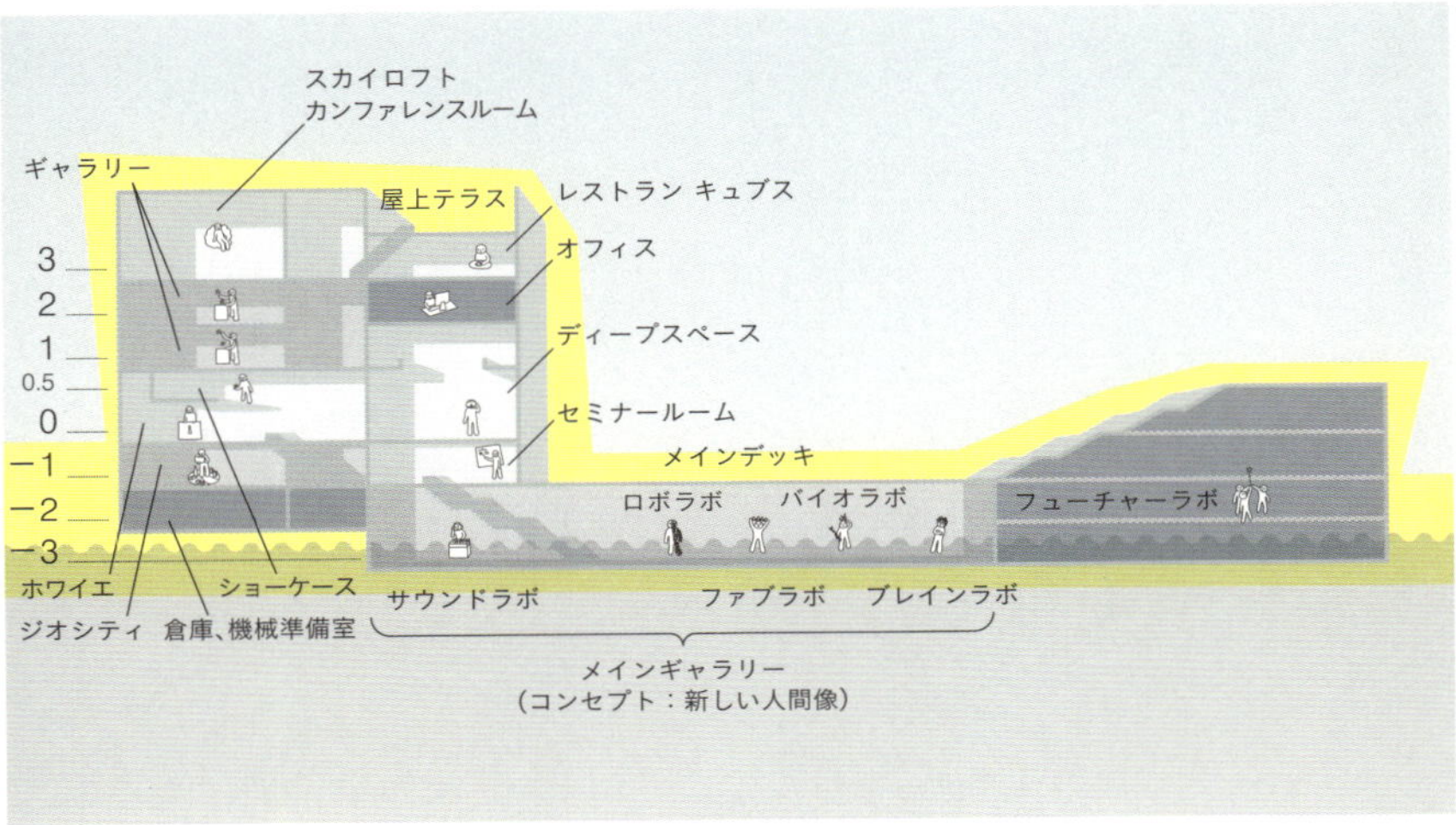

上：アルスエレクトロニカ・センター・フロアマップ
下：ディープスペースでの「ヒューマン・ボディ：人体という宇宙」プログラム上映の様子

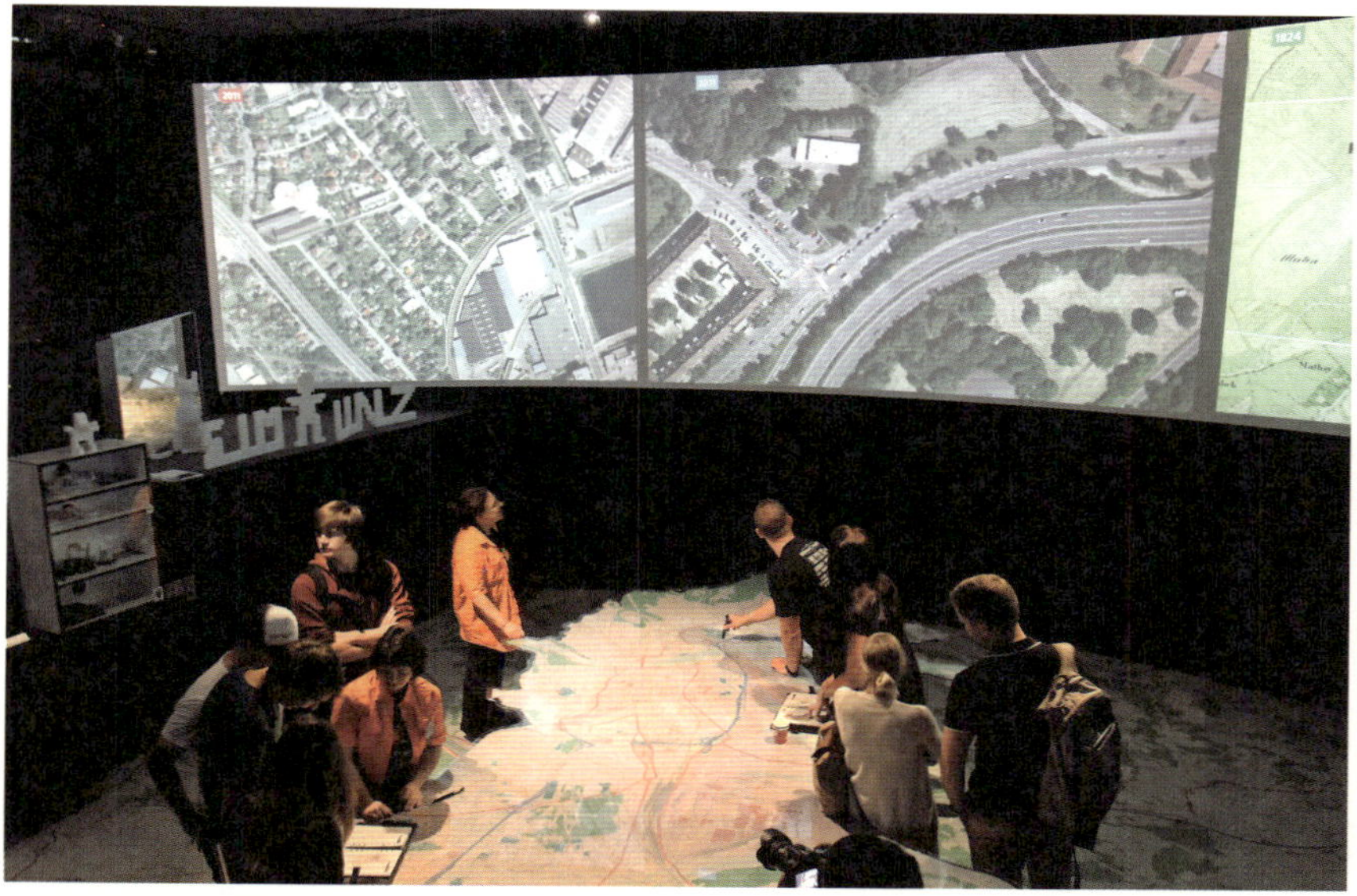

上：ジオシティ
下：テーマエキシビション「宇宙船地球号」展（2015）

上：キッズ・リサーチラボ
下：メインギャラリー

上：バイオラボ
下：ファブラボ

上：ロボラボ
下：サウンドラボ

プロフェッショナル仕様の機器を使うことができる「サウンドラボ」がある。

館内には来館者がつくった作品が、世界的なロボット研究者が生みだした最新の研究成果とともに展示されている。このように来館者が自分自身の手でつくりだすメインギャラリーの環境は「自分自身の問いをもち、自分の手で何かをつくりだしていこう」という、センターのコンセプトを雄弁に語っている。

メインギャラリーの五つのラボや、ディープスペースの8K空間をはじめ、センター内に用意された体験装置は、すべてが世界最高レベルのクオリティを有する。それぞれの装置やプログラムは、技術者だけでなく、フューチャーラボのスタッフや、外部の教育関係者、アーティストも加わり共同開発されている。こうした一般の来館者に対して、最高品質の技術体験を提案し、質を常にアップデートし続けることは、アルスエレクトロニカ社の大切な運営方針である。

ところで、センターのファサードは、1085個のガラスから構成された〝メディアファサード〟で、一つずつのガラスを256色のRGBカラーの照明で表現することができる。センターの外部、ドナウ川沿いに設置されたコントロール・ターミナルに、スマートフォンをつないで、音楽やビデオをプレイすることで、外観ファサードを音楽にあわせて自由に変えることが可能だ。他にも、「パルス（脈拍を測定しそのビートに合わせてライティングを変える）」「カム（自分のビデオクリップを再生する）」というアプリケーションも用意されている。

市民が巨大なセンターそのものをデザインできるこのプログラムは、フューチャーラボによって開発され制御プログラムはアーティストや地元の学生にも開放されている。

3 50人のインフォトレーナー

もう一つ、アルスエレクトロニカ・センターの大きな特徴は、「インフォトレーナー」と呼ばれる人たちの存在だ。現在センターには50人のインフォトレーナーが働いている。

インフォトレーナーの役割は、展示された作品やプロジェクトに関して、豊富な知識で答えてくれることは勿論だが、館内のガイド役だけにはとどまらない。それは、展示物を通して表現されているアーティストや科学者たちの先端の科学技術領域における探求を市民と接続する「コミュニケーター」「メディエーター」としての役割であり、来館者が自分なりの問いを深め、アイデアを生みだし、創作することをサポートしている。例えばさまざまな教育プログラムの開発やそのファシリテーションも彼らが担当している。

伝えるより、耳を傾けること

インフォトレーナーにとって、何が最も大切なことなのだろうか。それは、伝えるよりも「聞くこと」

アルスエレクトロニカ・センターのファサードターミナル。
市民が自由にデザインできるアルスエレクトロニカのメディアファサード

にあると、教育・文化コミュニケーション部門のニコール・グリューネイスさんは言う。

インフォトレーナーの仕事は、説明することよりも、来館者がどのように感じたのか、どんな言葉を発したのか、どんなことに興味を示し、何に感動し、何に疑問をもったのかに、耳を傾けることにある。一人ひとりの来館者は、例えばある科学的なトピックスに対しても、その関心や理解のレベルもまったく異なる。ここに来る前に、事前にどの程度そのテーマを知っているのか、その知識や経験のレベルも異なれば、そもそも科学に対してどのような態度をもっている人なのか、好意的なのか、あるいは懐疑的なのかも違う。こうした、来館者一人ひとりの置かれた状況や環境が異なるなかでは、一般的な情報を伝えるマニュアル的な説明で対応することは難しい。センターは、こうしたさまざまなバックグラウンドをもった人たちと会話をし、クエスチョンを投げかけ、その声に「耳を傾けること」によって、その人なりの関心や好奇心を育て、ともにそのテーマがもっている可能性や意味を発見することを目指している。

そのために、こうした「人のインターフェイス」、コミュニケーションをつくりあげる「インフォトレーナー」の存在が大きな役割を担っている。インフォトレーナーは、「オープン・アクセシビリティ」というセンターのコンセプトを実現する中心的な存在なのである。

インフォトレーナーが来館者から受け取った反応は取りまとめられ、展示体験空間の改善に活かされる。展示作品やプロジェクトを手掛けたアーティストや研究者たちにフィードバックされることもある。そうして、センター内は同じ展示空間であっても、絶えず少しずつ変化しアップデートされていく。

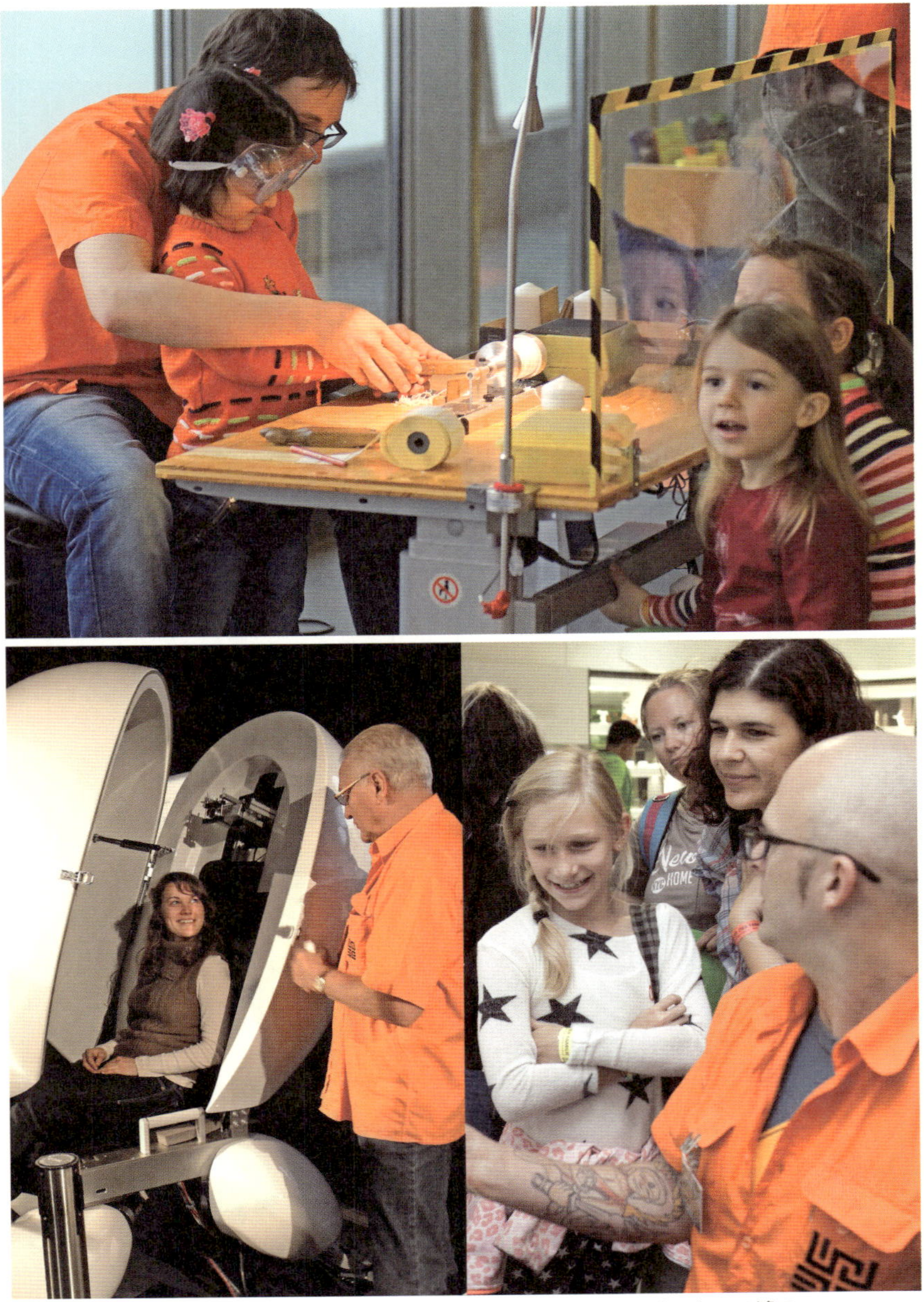

アルスエレクトロニカ・センターで働くインフォトレーナーたち。センターには、オレンジ色のユニフォームを着たコミュニケーターが館内にくまなく配置されている

インフォトレーナーの育成

インフォトレーナーの構成は、サイエンス領域の高度な知識や技術を有する人だけでなく、学生、主婦、教育的な資格をもつ人、リタイアした年配層まで幅広い。フルタイムの人もいれば、学生のアルバイト、週2～4日程度のパートタイマーもいて、それはそのまま、来館者の多様な属性を反映している。インフォトレーナーの選考では、ヒアリングにかなりの時間をかけ、その後、1か月かけてトレーニングを行い、チームやアルスエレクトロニカの精神に合うかどうかを観察する。テクニカルなことはもちろん、アーティスティックな考え方も重視される。このセンターには、ロボットからバイオテクノロジーまで、ファブラボからディープ・スペースまで、さまざまなテーマやツールが存在しているが、それらを混ぜ合わせて受け取れるかどうか、クロスシンキングができるかどうかが重要になる。実際に、このインフォトレーナーの育成に時間も費用も多く使っているという。

実は、当時の設計、計画段階では、センターに配置されるスタッフは、入場チケット販売係と展示環境のメンテンンス担当の2人だけが想定されていたという。「見せる側」「見る側」との間が切り離された運営方針が当初は考えられていた。しかし、センターの運営を任された社長、そして芸術監督であるゲルフリート・ストッカーが、このインフォトレーナーという「人のインターフェイス」という構想を推進し、こうした旧い発想を刷新させた。

――来館者をテクノロジーの〝消費者〟から〝クリエイター〟に育てていく。それが私たちのミッションであり、地域社会における文化センターの未来の姿だと考えています。専門知識は必要ありません。必要なのは、ここで体験できる未知の領域について、もっと自由になって楽しもうとする気持ちだけです。私たちはそこから新しい対話が生まれることをできる限りサポートしたいと思っています。

（アンドレアス・バウアー／アルスエレクトロニカ・センター・ディレクター）

4 「未来の美術館」から、「未来の教室」へ

2015年のアルスエレクトロニカ・センターの年間入場者数は17万1808人。前年から8・4％増加している。この数にはセンターそのものを教材や教室として見立て、地元コミュニティと連携し実施されている、幼稚園から、学生、失業中の若者など、さまざまな人々に対する体験授業のプログラムへの参加者も多く含まれる。ワークショップやガイドツアーなど、学校単位でセンターを訪れた生徒たちは、3万3439人にもおよんでいる。*1

またセンターの外、つまり地元の学校、大学などに、アルスエレクトロニカのスタッフ（フューチャーラボのスタッフなど）が出向き、教育プログラムを教師とともに開発したり、授業そのものを行ったりも

している。センター内だけに閉じない地域密着型の取り組みは、同じリンツ市の他の公立施設（美術館など）とはまったく異なる、アルスエレクトロニカ独自の活動だ。

産業界においても、センターは地元の企業を中心に活用されている。企業数は年間１５０社にもおよび、この数年は日本企業も増えた。企業の研究開発チームが、センターを外部の研究開発施設とし、一般市民を対象に自社のテクノロジーを実証実験する環境として利用することもある。センターを自社のショーケースとして活用することも可能だ。その際は、アルスエレクトロニカ・フューチャーラボのチームがサポートする。実際、来館者の満足度は97・8％と極めて高く、ここで2時間以上を過ごす人が63・4％もいることがわかった。[*1] またセンターを、課外授業やワークショッ

ホンダのロボット「アシモ（ASIMO）」の開発プロジェクト。アシモの未来を考える共同研究。人とアシモのコミュニケーションを研究するため、オリジナルゲームや実験コンテンツをディープスペースにて開発、検証した

プの場として活用する子どもたちは先述のように年間約3万5000人にもおよび、実際いつ訪れても、たくさんの子どもたちで賑わっている。

大学レベルでは、メディカルサイエンス、ソフトウェアエンジニアリング、ゲームデザイン等の学部が、ディープスペースの超高解像度の映像環境を使用した授業を行ったり、レクチャーホールとして使うことも多い。最近では、欧州宇宙機関（ESA：the European Space Agency）が、センターを、全オーストリアの若者層に対する、宇宙に関する科技術教育プログラムを提供する施設、欧州宇宙教育資源（ESERO：European Space Education Resource Office）として認定され、その活用が始まっている。

STEM（Science, Technology, Engineering and Mathematics）が、今後の先端産業、情報サービス産業をはじめ、バイオ、エネルギー、医療など各産業における開発競争力の向上のために重要な教育分野と言われているが、センターでは、そこに「アート（Arts）」を入れて、STEAM（Science, Technology, Engineering, Arts and Mathematics）と呼んでいる。理系分野だけでなく、「アート」が合わさってこそ、重要な問いを見つけだし、創造的な発想をつくりだせるという発想だ。現在のセンターは、リンツ市の文化的シンボルとしてだけではなく、市民の創造性を引き出す「未来の教室」へと進化している。

［注］

＊1　http://www.aec.at/press/files/2016/01/Center_Bilanz-2015_V1_EN.pdf

INTERVIEW

カトリン・ラウター

［フェスティバル参加者］

初めて家族で、アルスエレクトロニカ・フェスティバルにやってきました。自宅はここからクルマで20分くらいのところです。夫はブルックナーハウスでライティングデザイナーの仕事をしているので、アルスエレクトロニカのことはもちろんよく知っているし、子どもたちもよくセンターに出掛けています。特に長男は「ドローン・ラボ」を楽しみにしていて今から操縦体験をするところです。

センターは、子どもたちには最高の場所です。ロボ・ラボは特に子どもたちのお気に入りの場所ですね。さまざまなロボットの可能性に驚いたし、これまで人間がどのような人工的な存在を生みだそうとしてきたのか歴史的にも知ることができます。子どもたちは自然にそうした技術の背景にも関心をもつようになっているようです。

私自身、普段はソーシャルワーカーとして、ハンディキャップをもった人たちとともに過ごしているため、ロボ・ラボにある日本製の「パロ」というあざらしのロボットには大変関心をもちました。人とロボット、人とテクノロジーがどのように共存していくことができるのかを、パロを通していろいろと考えさせられました。

オーストリアには、湖や山など、ハイキングに良い美しい場所がたくさんあります。アルスエレクトロニカ・センターやフェスティバルはもう一つのプレイグラウンド（遊び場）のようなところです。これも私たちの時代の、一つのネイチャーかもしれません。

INTERVIEW

アンドレアス・バウアー

［アルスエレクトロニカ・センター・ディレクター］

僕はこの街で生まれました。アルスエレクトロニカ・センターができたのは確か15歳の頃。

初めてインターネットカフェを体験して夢中になりました。学生の時にインフォトレーナーとして働いていたので仕事の募集があった時は興奮しました。アルスエレクトロニカは僕たちにとっていわばカルチャームーブメントで、そこに参加するチャンスだったのです。

フェスティバルには世界中から専門家が集まり、展示やシンポジウムもレベルの高いものが多い。だけどセンターは一般市民の目線に合わせています。一年中テクノロジーやサイエンスに触れられる環境も魅力です。来館者からは「テレビよりも何年も早くこのセンターで見た、体験した」と聞くこともあります。

フェスティバルのu19プログラムには毎年多くの学校が参加してくれます。しかも年々クオリティが上がっている。学校では先生がセンターの展示をピックアップして、授業でディスカッションしたり、私たちが先生たちをトレーニングしたり、日頃から地域で子どもたちの教育のことを話しています。

フェスティバルが始まってもう37年目ということは、アルスエレクトロニカとともに成長し、大人になった世代が1〜2世代もいて、なかにはビジネスを興す人たちも出てきています。

ここはテクノロジーに対して、開かれたマインドセットを市民が得られるところ。そんな人間の根源的な喜びを、これからも大切にしたいと思います。

Episode アルスのDNA

デジタルワールドに挑戦する場所

——センター

アルスエレクトロニカ・センターは設立当初から、デジタルアートの作品を所蔵する美術館ではなく、デジタルワールドに挑戦する「未来の美術館」としての目的を持っていました。その挑戦はテクノロジーそのものの進化ではなく、それがもたらす社会的・文化的変化を読み取ることを意味します。

知識を作り出し、新しい方法で伝えあう、新しい場所。とりわけ先駆的だったのは「インフォトレーナー」の導入でした。美術館での体験の中心に来館者を置き、彼らの声が聴けるシステムです。インフォトレーナーは引退した先生、主婦、学生、アーティスト、技術者、科学者……あらゆる年齢の人たちで、彼らの役割は「来館者たちとコミュニケーションをとること」、オーディオガイドやタッチスクリーンに頼らず、来館者の経験に付き添います。

また、学びと知識のセンターとしての教育的側面も重要性を増しています。地元の学校や大学との協力プログラムはもちろん、幼稚園、実習生、若い失業者、また難民向けのプログラムが次々につくられています。ここは「未来の学校」としても進化しているのです。2009年の増築の際のコンセプトは、美術館の一等地である展示会場の中心部を来館者のラボ・ワークショップに使うことでした。実際、ディープスペースは地元の大学の解剖学の講義に使われ、専門家によるさまざまな授業が行われています。

では、この美術館に展示される作品の役割は何か？　それは芸術的価値を示すことではなく、デジタルエイジにおける私たちの生活を取り囲むテーマを、稀有なクオリティで伝え、問いかけることなのです。そしてそれは美術館の最終目的ではなく、人々が問いに向き合うためのスタートポイントなのです。

（ゲルフリート・ストッカー／アルスエレクトロニカ社社長、芸術監督）

アルスエレクトロニカの挑戦

第6章

［挑戦4］

フューチャーラボ

クリエイティブ産業創出の拠点

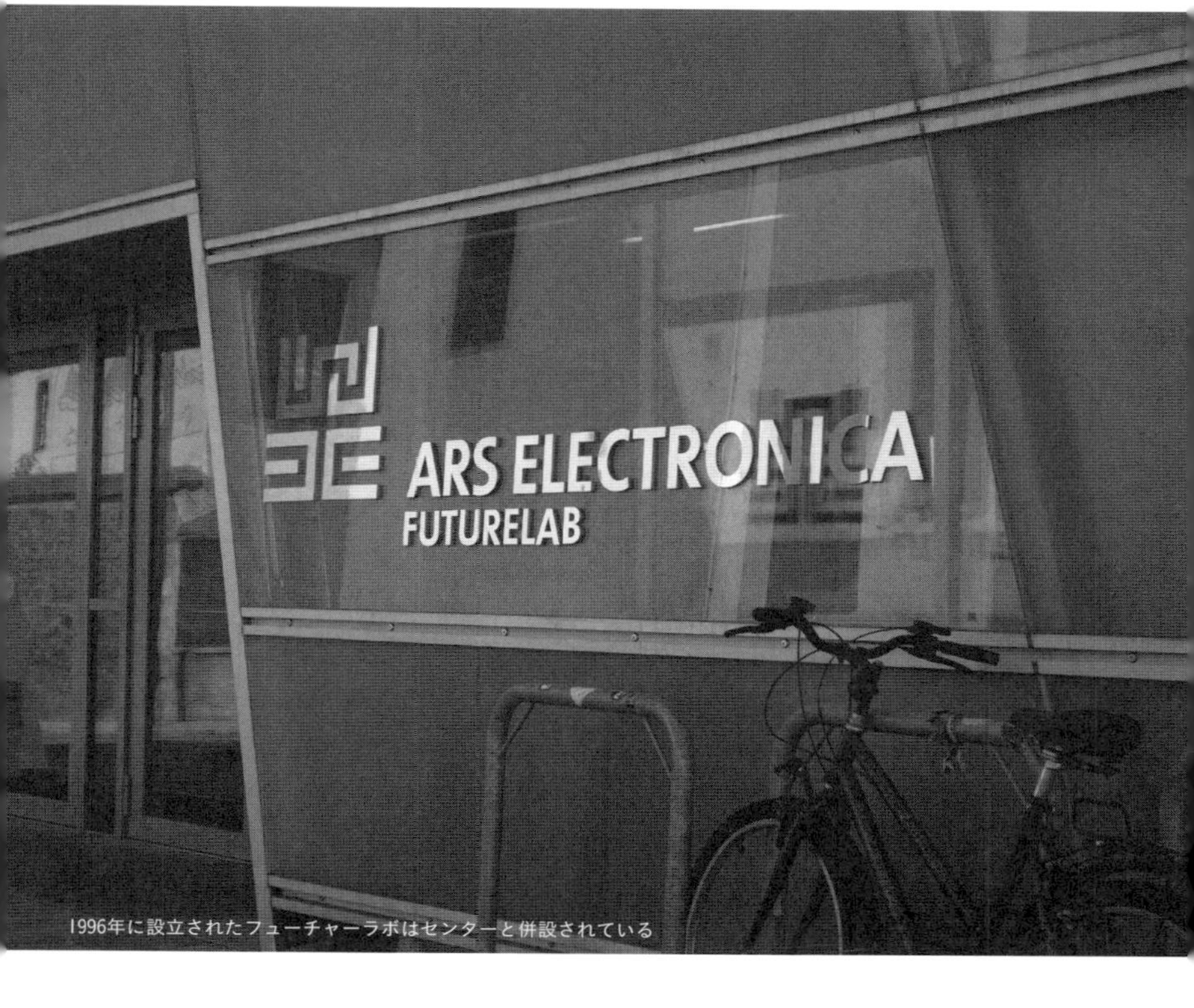

1996年に設立されたフューチャーラボはセンターと併設されている

1 研究所から産業創出の拠点へ

アルスエレクトロニカ・フューチャーラボは、１９９６年のアルスエレクトロニカ・センター開館と同時に設立された。メディア・テクノロジーを駆使した表現技術とインタラクション開発技術を活かして、センターの展示設計とその実制作、アルスエレクトロニカ・フェスティバルでの作品展示や舞台演出を行う専門技術チームとして、スタートしている。

現在は、独自の研究開発テーマをもち、その探求から生みだされる新しい技術活用のコンセプトを社会に実装する取り組みへと活動が広がっている。具体的には、アートインスタレーション、展示キュレーション、メディア・アート・パフォーマンス、メディア建築の設計などの他、国際的な研究機関や産業界との共同リサーチ、企業への商品サービスや事業開発の支援、プロトタイプ制作を伴うイノベーション戦略の提案などがその事業領域だ。設立当初は地元企業をサポートする活動が多く、市内のさまざまな企業が新しいテクノロジーを受け入れ、サービス開発を進める環境を支援することが目的であった。

現在では国際的なスケールのさまざまな産業界との協働プロジェクトが増えている。フェスティバルやセンターの運営が、リンツ市や地方行政府からの助成金に支えられているのに対して、フューチャーラボ部門は活動資金の１００％を収益事業を通して獲得している。つまり、フューチャーラボそのものが、リンツ市にとってはクリエイティブ産業創出のモデルケースであり、アルスエレクトロニカという事業体の収益部門として、ビジネスチャンスを積極的に拡大しようとしている。２０１５年度は、世界8か国で50件のプロジェクトを受注し、総収入２８０万ユーロ（約3・5億円）となっている。[*1]

未来を体験化する「ラボ・アトリエ」

「技術者や研究者にとってのラボ（研究室）であり、同時に、アーティストにとってのアトリエである」という、「ラボ・アトリエ」が、フューチャーラボのコンセプトである。

フューチャーラボのメンバーには、「リサーチャー兼アーティスト」「ディレクター兼アーティスト」「プロデューサー兼アーティスト」というように、「アーティスト」という肩書きをもっているメンバーが多い。

メディア・アーティストは、科学技術と感性の両面から、新しい技術の可能性を、具体的に体験可能なかたちで提示できる人々だ。先端的なデジタル技術を対象に、その新たに生まれてくるテクノロジーが社会で活用される以前の段階から、それがどのような生活や新たな価値観を人々にもたらすのか、あるいはどのような形で活かせば、今後の社会や文化の発展に活かせるのかを、自らが主体的に探求し、作品という具体的なカタチを通して提示しようとする。私たちの生活全体が、社会のあり方が、テクノロジーによって大きく変化している現代において、こうしたメディア・アーティストたちの取り組みは、これまで以上に意味をもつ。

メディア・アーティストには、テクノロジーが人や社会に与える可能性やインパクトを探求し続けるリサーチャー的な側面、自らの創造性やヴィジョンを頼りに、果敢に実験的な取り組みを行うチャレンジャー的な側面、あるいは、テクノロジー讃歌に終わらない、未来的志向や社会的な批評性をもったプロボカター（扇動者）的な側面、テクノロジーにできることを考えるだけでなく、その先に、人間や社会の本質を捉えようとするフィロソファー（哲学者）的な側面、そして何より人を驚かせたい、感動させてみたいというマスターオブプレイヤー（遊びの達人）的な側面などが同居しているように思う。彼らの果敢な取り組みは、私たちがテクノロジーと人との関係性を考え、それをより良いものにしていきたいと願う時、重要な示唆を与えてくれる。あえて言えば、テクノロジーの可能性とその活用を起点として新しい人の感性や社会の姿を先取りする創造的な行為が、メディア・アートである。[*2] 一方、個人の純粋なヴィジョンや美意識、社会意識を、作品を通して表現しようとする行為が「ファインアート」（純粋芸術）だと言えるかもしれない。フューチャーラボのコンセプトである、「技術者や研究者にとってのラボ（研究室）と同時に、アーティストにとってのアトリエである」という、「ラボ・アトリエ」のコンセプトは、アーティストたちの発想が主導するかたちで、テクノロジーの可能性を社会に活かす体験をつくりだそうという方針がふさわしいかもしれない。テクノロジー主導ではなく、人と社会を捉えるアート的志向が主導するかたちで、その互いの協働が必要である。それが「未来を体験化するラボ・アトリエ」、フューチャーラボの基本コンセプトなのである。

――数十年前、まだ「メディアアート」という言葉もなかった頃、アート&テクノロジーの活動家たちは芸術と技術、両方の背景を持っていることが多く、彼らの興味は社会におけるテクノロジーの意味を知ることでした。それは、純粋にテクノロジーに興味がある開発者たちとの顕著な違いだと思います。最も重要なアプローチはオープンであること、科学的探求と芸術的表現を同時に行えることです。多分野から集まった私たちは、メンバー同士互いの専門領域と親しみ、一人一人の貢献と影響による成果をつくりだしています。

（ホースト・ホートナー／アルスエレクトロニカ・フューチャーラボ所長）

独自の研究開発テーマ

フューチャーラボは、独自の研究開発テーマを設定して活動している。アルスエレクトロニカ全体の哲学である、「アート、テクノロジー、社会」の視点から、ユニークな研究開発テーマが設定されている。特徴的なのは、メディア・テクノロジー、インタラクティブ技術の軸足がありながらも、心理学、ロボット工学、パフォーミング・アーツなど、分野横断型な視点の掛け合わせによって独自のテーマが検討されている点にある。

例えば、「ロボティニティ（ロボットらしさ）とは何か？（ROBOTINITY）」という研究テーマは、将来、人はロボットとどのように共存していくのか？「人間らしさ（Humanity）」の対照的な概念として、「ロボットらしさ」を探求することで、ロボットの本質（ネイチャー）と、医療、高齢化、教育システムなど社会環境におけるロボットの可能性を探求するというものだ。

――ロボットやＡＩの可能性を見極めるには、ロボットにできることだけを考えていても見つけることはできません。逆に、人間らしさとは何かと考えてみることによって、これまで見えてこなかったロボットの可能性が見えてくる。こうした振れ幅をもつことが、問いを見出すためには重要だと思います。

（小川秀明／フューチャーラボ／アルスエレクトロニカ・ジャパン・ディレクター）

また、スペクセルズもフューチャーラボ独自の開発によるものだ。ハードフェア、ソフトウェアを利用するとＬＥＤを搭載した無数のドローンが群れをなして宙に舞い上がり、光のドットアニメーションを空中に表現する仕組みだ。２０１２年に「クランク・ヴォルケ（音の雲）」をアルスエレクトロニカでつくる際に開発された。

――50機のスペクセルズのプロトタイプは２０１２年9月、９万人の前でお披露目されました。重要なのは、武器や監視のテクノロジーとして知られているドローンを、危険なものではなく、むしろ美しく、社会に価値あるものとして示せたことです。私たちはテクノロジーを「乱用する」のではなく、そのさまざまな可能性を示すことで、人々をインスパイアし続けたいと考えています。

スペクセルズ（Spaxels）
「スペクセルズ」は、「space（空間）」と「pixels（ピクセル）」に由来する造語。フューチャーラボは表現そのものにとどまらず、新しい表現術を生みだすコアテクノロジーも独自に開発している。新たな映像体験やエンターテインメント装置としてだけでなく、社会インフラとしての活用にも展開可能だ。例えば、建築計画を実際の建物ができる前に敷地上でシュミレーションする、緊急時にニュースや警報を伝え人々を安全な場所まで誘導する、あるいは、自転車レースやマラソンで選手に状況を伝える役割などのアイデアも検討されている。2012 年よりフューチャーラボが独自に開発を進めてきた「スペクセルズ」は、社会実験のプロセスを経て、アルスエレクトロニカ・フェスティバルをはじめ、現在では世界各地のさまざまなイベントやフェスティバルで社会活用され、現在では独自の新規事業へと成長している。また 2015 年は、インテル社との協働プロジェクトで 100 機のドローンの飛行が成功し、ギネスブック記録も樹立している

（ホースト・ホートナー／アルスエレクトロニカ・フューチャーラボ所長）

2 ラボメンバーのワークスタイル――シェアード・クリエイティビティ

現在、アルスエレクトロニカ・フューチャーラボには約30名のスタッフが在籍している。アーティスト、エンジニア、コンピュータ・サイエンティスト、デザイナー、建築家、心理学者、社会学者など、その専門性は実に多様で、国籍も多彩だ。そして、一人ひとりのメンバーが、自由な活動領域とテーマをもっている。

アルスエレクトロニカのメンバーである前に、まず1人のアーティストでもあること。そうした個性的な発想をもったメンバーたちが、それぞれのテーマを探求しながら、異なるテーマをもったメンバー同士との触発を通して、さらなる新しい発想を生みだしていく。自律性と協働性。その触れ幅をもったワークスタイルを通して、誰もが思いつかなかったテーマを見つけだす。またフューチャーラボでは大学などの教育機関、ヨーロッパ航空宇宙局や欧州原子核研究機構（CERN）といった国際的な科学研究機関、あるいは企業とも外部パートナーとして共同リサーチを展開している。さらにアーティストレジデンスの機会を通して、世界各地のアーティストがフューチャーラボに一定期間滞在し、創造性を交換しあい、アイデアを生みだす仕組みもある。このように、多様な人々のつながりを通して、専門性の壁を乗り越えて協働するワークスタイルが重視されている。これは「シェアード・クリエイティビティ（shared creativity）」という発想で、フューチャーラボのワークスタイルになっている。

また、フューチャーラボのメンバーには、アーティストとして、自分自身のプロジェクトやチームをもっている人が多い。アルスエレクトロニカに長きに渡って在籍しているメンバーほど、そうした個人としての活動をしっかりもっているという。

例えば、フューチャーラボのメンバーの1人、マルティナ・マーラはジャーナリスト、コラムニストとして、テクノロジー関係のメディアへの寄稿を行っている。他にも、マシュー・ガードナーは、「折る」こととテクノロジーを駆使する作品によって世界的に知られるアーティストで、折り紙の研究家としての著書がある。小川秀明は、「h.o（エイチ・ドット・オー）」という自身のアートユニットを率いたメディア・アーティストとしての活動を展開している。

art & science

european digital art and science network

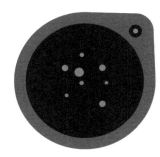

アートとサイエンスを結ぶネットワークと活動がヨーロッパに生まれている

運営方針はチームとしてのフューチャーラボに任されている。異なる視点、異なる発想を活かしあう姿勢がフューチャーラボの文化だ。

――重要なのは、アーティスト、技術者、企業、プログラマー、心理学者、その誰もが明確に答えをもっているわけではないということです。答えがどこかに存在していて、特定の専門家がそれを知っているというマインドセットを捨てることですね。誰もわからないからこそ、幅広い領域の人たちとの対話が必要なのです。異なる領域の人たちだからこそ、お互いに刺激しあい、学び合える。私たちは未来のために何ができるのだろうかと考えようとします。それは正解を出すこととはちょっと違います。フューチャーラボでは他の領域に、自分とはまったく違う視点や創造性で世界を捉える人たちがいることをいつも感じながら働いています。それはとても良いワークスタイルだと思います。

（マルティナ・マーラ／フューチャーラボ）

近年、アルスエレクトロニカは、アートとサイエンスとを結びつける学際的な交流を促進することを目的に、欧州宇宙機関（ESA：European Space Agency）」、欧州原子核研究機構（CERN）、ヨーロッパ南天天文台（ESO：European Southern Observatory）等といった、ヨーロッパにおける国際的な科学研究拠点とともに、欧州デジタルアート&サイエンスネットワーク（European Digital Art and Science Network）を立ち上げている。

例えば、その活動の一つである「COLLIDE @ CERN ARS ELECTRONICA AWARD」は、スイスのジュネーブにある世界最大の粒子物理学研究機関のCERNとフューチャーラボという、アートとサイエンスの二つの研究機関にそれぞれ滞在する機会を提供するプログラム。選出されたアーティストは、2か月間CERNに滞在し、最先端の科学的探求の成果や発見に関して学んだり、新たなインスピレーションを得た後、フューチャーラボで1か月間滞在し、その新しいインスピレーションを元にしたアートワークを完成させる。科学的探求とアーティストの想像力とを衝突させることによって、先端的な科学的探求の成果の理解を深める新たな発想を見つけだし、同時にアーティストにとっての新しい芸術的アプローチを広げる機会を提供しようというもの。最終的に完成した作品は、アルスエレクトロニカ・フェスティバルのなかで展示もされ、一般公開される。

3 ダイムラー社・自動運転カーモデルの共同リサーチプロジェクト

フューチャーラボは以前より産業界との共同研究を行なってきたが、近年の代表的プロジェクトは世界的な自動車メーカー、ダイムラー社との共同である。フューチャーラボでは、先の「ロボティニティ」というリサーチテーマの他にも、AIやロボットの可能性を心理学的な視点から捉える「ロボサイコロジー（ROBOPSYCHOLOGY）」というリサーチテーマにも取り組んでいる。例えば、ロボットが人間にあまりにもよく似せて造られていると、どうして人はロボットに対して反感や嫌悪感を覚えるのだろうか？　将来、より日常的にロボットと過ごす機会が増えると、そこにはどんな人間の感情や感覚が芽生えるのだろうか？　といった、人とロボットとの共存、コミュニケーションのあり方から新しいテクノロジーの可能性を考えるというテーマ設定だ。

人とマシーン（無人の自動運転カー）とのコミュニケーションをテーマにしたダイムラー社とアルスエレクトロニカとの共同研究リサーチプロジェクトでは、このフューチャーラボの「ロボサイコロジー」という研究テーマが活かされた。最終的には、このコラボレーションの結果、自動運転カーの機能として、新たなＨＭＩ（ヒューマン・マシーン・インタラクション）機能がダイムラー社によって開発されている。

自動運転カー〈Ｆ０１５〉

「メルセデスベンツ〈Ｆ０１５〉ラグジュアリー・イン・モーション」は、２０１５年1月に発表されたダイムラー社の自動運転カーのコンセプトモデルである。３６０度全方位を見渡せるカメラや、レーダー、超音波センサー等のセンシング技術を使って、路面や車外の環境をモニタリングし、無人による自律走行を実現している。こうした自動運転カーが可能となった時に、モビリティにはどのような価値が生まれるのか、あるいはどのような機能が必要とされるのか。その問いを探求するために開発されたのが、この〈Ｆ０１５〉というコンセプトモデルである。

そしてこの〈F015〉には、アルスエレクトロニカとの共同研究の成果として、人とマシーンがアイコンタクトを取りあうことを可能にしたHMI（ヒューマン・マシーン・インタラクション）機能が搭載されている。これは「インフォームド・トラスト」（新たなHMI機能）と言い、歩行者が近づくと、その存在を自動運転カー側が認識したことを歩行者に伝えるために、グリーンのレーザーライトを投射して、路面に横断歩道をプロジェクションする機能である。人間が操縦している時と同じように、歩行者とマシーン（無人の自動運転カー）がアイコンタクトを取りあうことを可能にした。自動運転カーが日常となる時、果たして人とマシーンはどのような信頼関係を取りかわすことができるのか？　そのためにどのようなコミュニケーションが必要なのか？　HMI機能は、こうした人とマシーンの街なかなど共有空間における関係性のあり方を、多角的な視点からリサーチした結果である。このプロジェクトは、リサーチ・イノベーションディレクターのクリストファー・リンディンガーと、ロボット心理学者のマルティナ・マーラによって進められた。

共同研究のきっかけ

街なかをたくさんの無人の自動運転カーが走っている状況を想像してみよう。横断歩道を渡ろうとした時に、交差点に何台もの自動運転カーが近づいてきたら、歩行者は自身を安全だと信じ、その横断歩道を躊躇なく渡ることができるだろうか。自動運転カーが自分の存在を認識していると、どのようにして確信できるのだろうか？　それはもしかすると「恐怖」なのではないだろうか？

ダイムラー社とフューチャーラボとの共同リサーチの取り組みは、２０１３年にベルリンで主催された「フューチャー・トーク」というイベントがきっかけだった。「フューチャー・トーク」は、自動車産業界の外部にいる、さまざまな専門家、思想家たちを招き、分野横断型の対話を行うことで、未来のモビリティ社会のあり方、そのヴィジョンを描き出そうとする取り組みでダイムラー社が主催したものだ。

世界から集まってきたジャーナリストや専門家とともに「人と自動運転カーのコミュニケーションのために、どのような未来の言語が必要なのか？」という議題を３日間に渡りディスカッションされた。

プロジェクトリーダーは〝未来学者〟

このイベントを企画したのが、〈Ｆ０１５〉の開発プロジェクトリーダーである、アレキサンダー・マンコフスキー（Alexander Mankowsky）だった。彼はダイムラー社のリサーチユニットに所属し、その肩書きは「未来学者（Futurologist）」だ。ダイムラー社と社外のクリエイティブネットワークをつなぐ仕事を行なっている。

ベルリン自由大学で社会科学、哲学、心理学を学んだ後、数年間障害をもった子どもたちのために働い

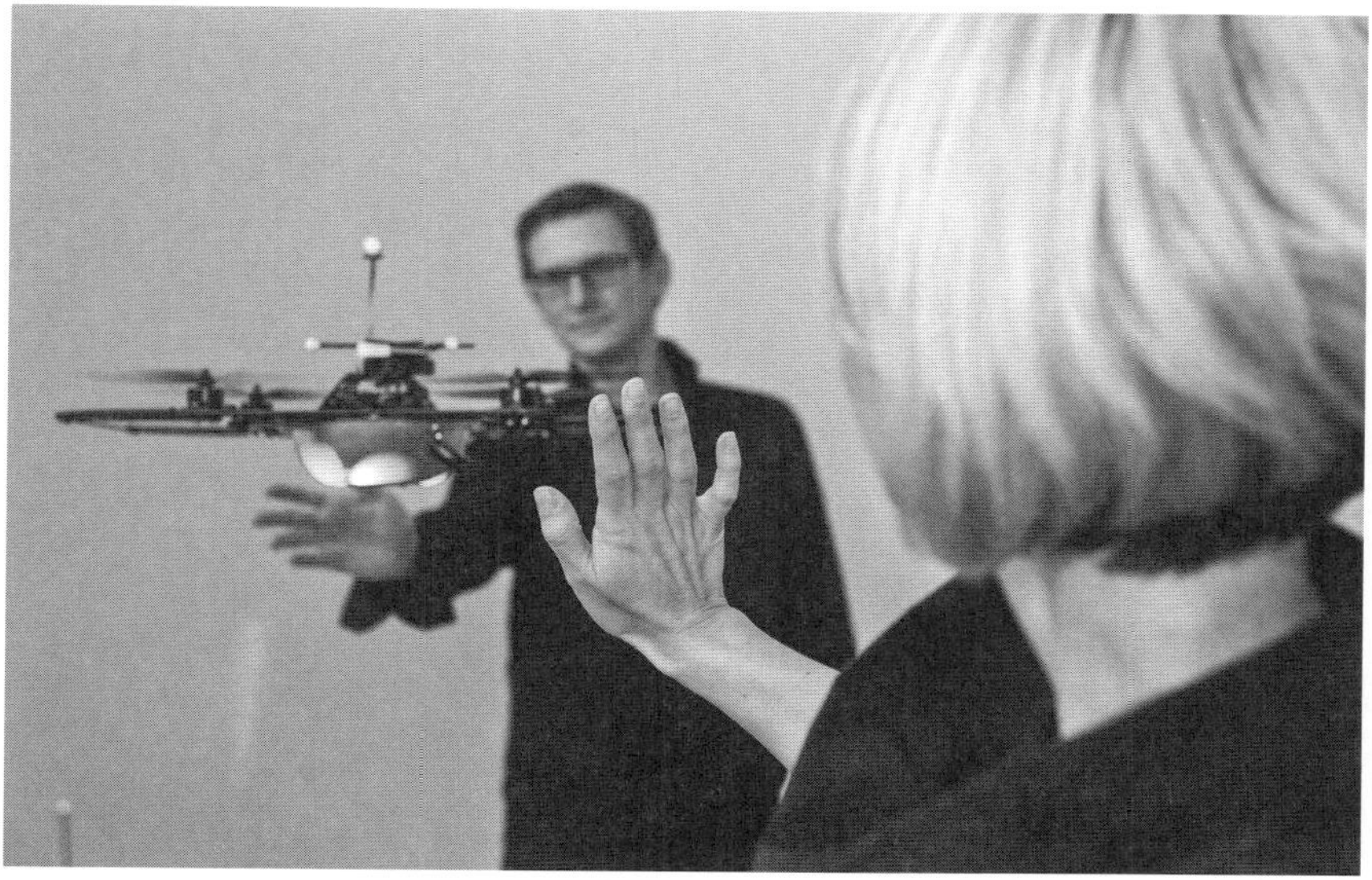

ダイムラー社とフューチャーラボによるドローンを使った共同研究

た。その後、再び大学に戻って人工知能に関して学び、「ナレッジ・エンジニア」という肩書きを手に入れている。１９８９年にダイムラー社のリサーチセンターでインターンシップとして働き始めたことがきっかけで、ダイムラー社に入社した。

マンコフスキーは、自らが企画した「フューチャー・トーク」にフューチャーラボのマルティナ・マーラたちを招聘した。

――その後、あの時のディスカッションは本当に面白かったと言って、彼が自らアルスエレクトロニカを訪ねて来てくれたんです。そして、その後も私たちはこれからの自動車の課題についてオープンに話しあうことができました。アレックスと私たちはそうやって対話を始めていったんです。


（マルティナ・マーラ）


フューチャーラボでは、以前から独自の研究開発テーマに「ロボティニティ」を掲げ、人とロボットとの関係性を探求している。マルティナは心理学のバックグラウンドを活かし、人間の感情や深層心理から、ロボットが人々や社会のなかでどのように振る舞い、どのようなコミュニケーションをとることが良いのか、どのように共生できるのかについてさらに深く探求する「ロボサイコロジー」をリサーチテーマに定め、フューチャーラボ内でリンディンガーとともに研究活動を牽引してきた。

自律運転テクノロジーや自動運転カーは、まさに人とロボットの関係がテーマであり、しかも現実として考える重要なタイミングにある。

――ロボットは今後社会のなかで大きな役割を果たすようになっていきます。家事のサポートシステム、医療領域、買い物や移動手段など、日常生活に入り込んできます。その時に重要なのは、常に人間の視点から捉えることです。テクノロジーが可能にする機能や役割だけでなく、人々のなかにどのような存在としてあればいいのか？ 人々はその時どのように感じ、どんな感情を覚えるのか。何が快適さや心地良さをつくるのか。それを常に考える必要があります。産業界にとっては、プロダクトが市場に導入された時の価値に直結しますから、今まさにそのことを考えるタイミングなのだと思います。テクノロジーの進化は、それをどのように使えばいいのかと人間が考えているうちに、もっと先に進化して行ってしまうんです。自動運転カーもそれがどのような社会的な変化をもたらすのかと社会の構想を描いている間に、生産体制に入ってしまうかもしれない。シンギュラリティ（技術的特異点）を迎えてしまってからでは完全に遅いんです。

（マルティナ・マーラ）

シンギュラリティ（技術的特異点）とは、未来学者で発明家のレイ・カールツワイルが用いた言葉で、人工知能が人間の能力を超える日がやってくることを予言するものだ。それは、つまりはテクノロジーの進化が人のコントロールを超えてしまう「後戻りできない地点」がやってくるという予言でもある。

フューチャーラボは、この共同リサーチプロジェクトのために、自律型ロボットと人間とのコミュニケーション体験ができる「実験環境」を用意した。それは、約8メートル×8メートルの広さの空間で、センサーによるコントロールが可能で、ライトシグナルでコミュニケーションできる3台のドローンがそのなかにもち込まれた。この実験空間では人の身振り手振りや、「止まれ！」という声によって、ドローンとコミュニケーションをとることができる。人の身振り手振りによってドローンが停止することが確認できた時、人間は果たしてロボットに対して安心や信頼を感じられるのかどうか。

生身の人間がクルマを運転する時には、不自然な運転を周囲が察知することが比較的できるが、完全にプログラミングされた自律運転テクノロジーで走行するマシーンの場合はどうだろう。運転手と歩行者の間では、通常、アイコンタクト、クラクションを鳴らす、手でジェスチャーするなど、さまざまな非言語的コミュニケーションが慣習的に行われているが、マシーンの場合、こうした「次の行動」を伝えるにはどんな手段が効果的なのだろうか。さまざまな問いが生まれていった。

こうした実験を通して、フューチャーラボとメルセデスベンツのプロジェクトチームメンバーたちは、ここで人とロボットがどのようなコミュニケーションや直感的な相互理解が可能となるのか、どのような新しい「言語」が相応しいのかを探求していった。

また、実際の街のなかでは、歩行者のほかにも人や自転車などさまざまな存在が社会的環境を共有している。その「共有空間」で自動運転カーがどのような振る舞いをするのか、どのように人とインタラクションできるのかを、ドローンを用いた実験空間で議論を重ね検証していった。

――ロボットが人間と競い合う存在ではないと、私たちがいかに確信することができるのか。コミュニケーションにおける、潜在的な不確実性を如何に回避することができるか。つまりは、信頼をどうつく

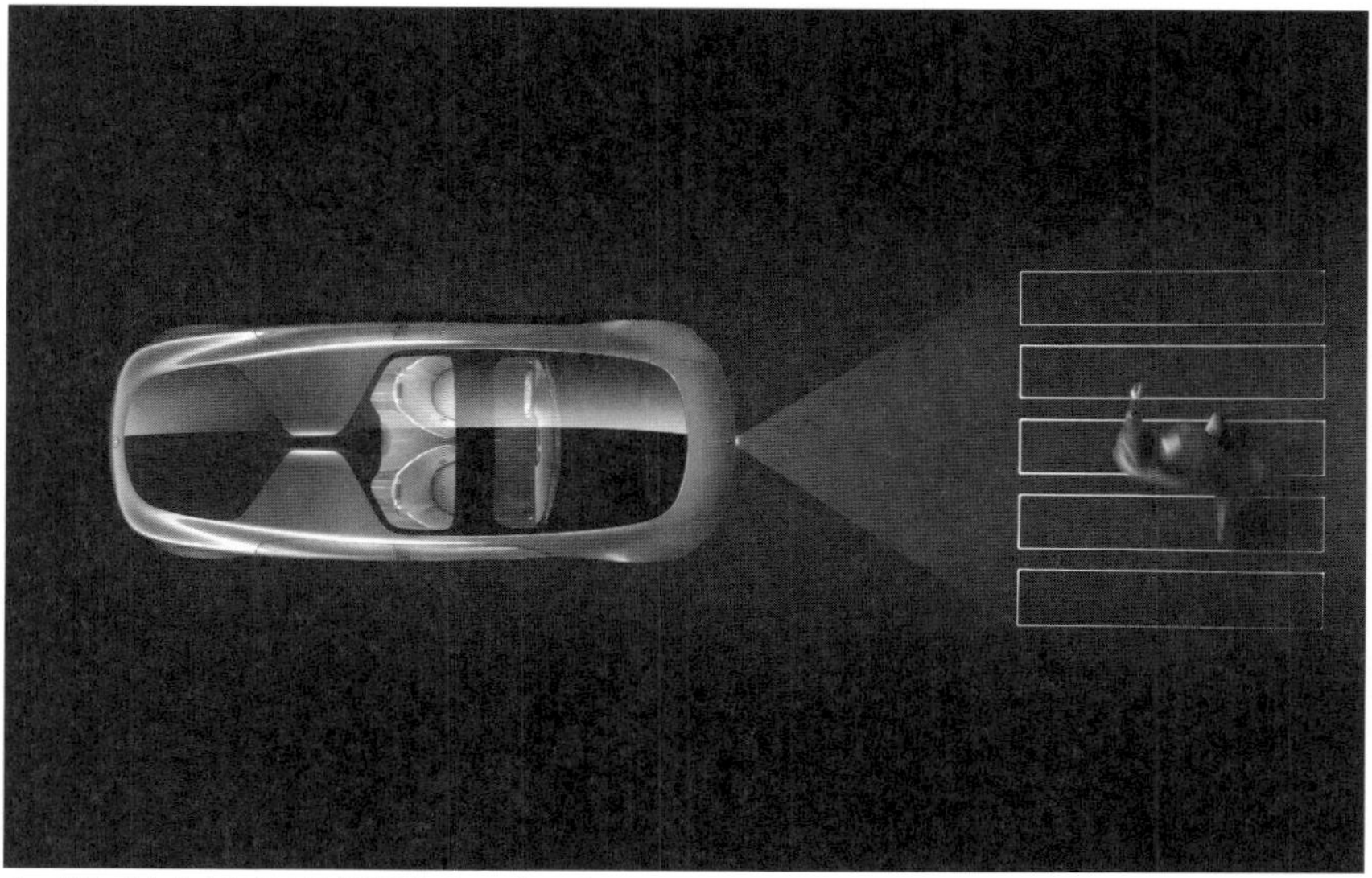

上：リンツ市内を走行する自動運転カー〈F015〉
下：「インフォームド・トラスト」（新たな HMI 機能）。メルセデスベンツ〈F015〉に搭載された人と自動運転カーとの新たなコミュニケーション機能。歩行者が近づくと、その存在を自動運転カー側が認識したことを歩行者に伝えるために、グリーンのレーザーライトを投射して、路面に横断歩道をプロジェクションする。人間が操縦している時と同じように、歩行者とマシーン（無人の自動運転カー）がアイコンタクトを取りあうことを可能にした

りだせるのかが最も重要な問いとなっていきました。

（マルティナ・マーラ）

さまざまなトライアルの結果、結果的には極めてシンプルで平易な方法と言語によって、直感的に人と対話できる機能が必要であるという結論に至り、緑色のレーザーによってプロジェクション機能が装備された。歩行者を認識した自動運転カーはただ停止するだけでなく、歩行者の足元に横断歩道を投影することで、自ら人にシグナルを送り、「マシンが人に道を譲ることができる環境」を実現した。

実際に、〈Ｆ０１５〉に搭載されたＨＭＩ機能そのものは、ダイムラー側が開発している。フューチャーラボは、ダイムラー側から、ＨＭＩ機能のプロトタイプやそのデザイン案などの開発は特に求められなかった。彼らは、自社の製品が将来の交通規範に受け入れられるようにするための準備を、自ら進めようとしており、その研究に最も適したパートナーとして、アルスエレクトロニカを選んだ。彼らがフューチャーラボに求めたのは、社内にはない発想、着眼点、問いの抽出力であり、彼らが未来社会を考えるための「対話」の相手、いわば「鏡」になる存在だったのではないだろうか。

――ダイムラー社のような世界的な大企業ですから、社内には素晴らしいインタラクションデザインチームがいるわけです。彼らは機能そのものの開発ではなく、その機能を生みだすための対話の相手を必要としていました。私たち自身は、何が何でも最先端の自動車が最高、メルセデスベンツってクールですね、とか、そういう話はしませんし、時には企業や産業界がやろうとしていることについて批評をすることもあります。若い世代には、自動車をもたない人も増えているし、むしろエコロジーに意識的で、クルマではない他の手段を考える人たちも増えています。こうした社会的な課題についても私たちは忌憚なく話しあうことができました。彼らはこうした産業界の外からの意見に対して、常に新しいパースペクティブとして受け取ろうとしてくれました。

（マルティナ・マーラ）

フューチャーラボは現在、積極的に産業界との協働を進めている。社会のあり方に対して企業が果たす役割は圧倒的に大きいからだ。フューチャーラボが産業界との協働する際には、まず彼らがどのような視点、ヴィジョン、社会の捉え方をしているのかを重要視するという。企業側が自分たちの専門領域の外にある創造性に対してどのような姿勢をもっているのかが、コラボレーションの正否を決める。アーティストと企業とが対等の立場に立ち、お互いの専門性、お互いのヴィジョンをオープンにぶつけ合うことができるのか。つまり「対話」することができるのかが、最終的なプロジェクトの質と実現性とを高める。

――プロジェクトリーダーのアレックスはヴィジョナリーな人でアートがもつ批評性に対してもオープンです。また彼自身が自由な発想と哲学をもっています。彼と一緒に働くことはとても有意義だったし、楽しかった。対話をする相手として私たちを信頼してくれたのだと思います。逆に言えば、彼ほど自動車産業の未来を考えようとしている人はいないかもしれません。

（マルティナ・マーラ）

「問い」の共有が、お互いの専門領域の垣根を超えた対話をつくりだし、プロジェクトの成功を導いている。この共同研究リサーチの成果は、２０１５年９月に開催されたアルスエレクトロニカ・フェスティバルでも発表された。ダイムラー社は、ドイツ本国で開催される自動車産業界のビッグイベント、フランクフルト・モーターショーをその直後に控えているにも関わらず、ヨーロッパでのプレミアをアルスエレクトロニカ・フェスティバルに選んだ。〈F015〉はフェスティバル開始前に、リンツ市内の中央広場の路上で公開された後、街なかを駆けていった。現実の人とマシーンの共有空間が、このプロジェクトのプレゼンテーション・ステージとなったのだ。

自動運転カーという最新のトピックスも含めて、この〈F015〉プロジェクトについて私が同僚たちと話していると、誰もがそのデザイン性や搭載されているさまざまなセンサー機能、レーザーによるプロジェクション機能を話題にした。しかし私にとってはアイコンタクトしてくれるなんてチャーミングな乗り物なんだろう、ということが第一印象として強かった。チャーミングで、プレイフルなことは大切なのだ。それは人と人を、人とテクノロジーをもつないでくれる。新たなパーソナリティをもったモビリティ。それがこのプロジェクトの成果なのではないかと私は思った。

アルスエレクトロニカが、産業界ともさまざまなプロジェクトを実現させているのは、彼らがテクノロジーの可能性や意味を主体的に探求すると同時に、常に人間視点に立って「問い」を抽出する姿勢にある。問いを実際のかたちにするプロトタイピングの完成度も高いが、ヒューマンな視点で、できる限り多くの人に届けるコミュニケーションのセンスや感情に訴えかける体験のつくり方にも長けている。時には批評的であっても、あくまで人間視点から生まれる「問い」なのだ。産業側はそこに信頼を置くのだと思う。

フューチャーラボは、いわゆる通常のR&D（リサーチ&デベロップメント：研究と開発）のチームではない。科学技術の可能性を捉え、その社会的・文化的な意味、そのインパクトを社会に発信していく、社会に実装していくことを目指したアートとテクノロジーの専門集団だ。そして、フューチャーラボの存在はアルスエレクトロニカがフェスティバルやコンテストの開催にとどまらない、社会イノベーションを生みだす実行力をもった存在であるという信頼感を獲得する上で非常に重要な役割を果たしている。

ダイムラーリサーチ社の未来学者マンコフスキーは、なぜ共同リサーチのパートナーにフューチャーラボを選んだのかという質問に以下のように答えてくれた。

——テクノロジーは、機能をつくる。デザインはインターフェイスをつくる。アートは、そこにエモーションを注ぎ込むのです。

（アレキサンダー・マンコフスキー）

［注］

＊1 http://www.aec.at/press/en/2016/02/22/14959/

＊2 日本と欧州における「メディア・アート」
日本において、一般的にメディア・アートの「メディア」とは、特にコンピュータ以降のさまざまなデジタル・テクノロジー、デジタル・メディアを指していることが多いように思うが、欧州では（あるいはアルスエレクトロニカで対象とされる作品を見る限りにおいては）、より広く、人と人、人や社会とをつなぐさまざまな「媒介」や技術全般を指しているように感じる。そして、そこには、新しい視覚効果や、作品と鑑賞者とのインタラクティブな対話性、鑑賞者が加わっていくことで作品が生まれるといった参加性、これからの社会のあり方を先取りするような未来志向を伴った新たな感覚や体験をつくりだすことが共通しているように思う。また最近ではバイオ・テクノロジーやナノ・テクノロジー、などの科学技術と関連した創造的な活動（言ってみれば、サイエンス・アート）も、その領域に含まれているように感じる。いずれにしても「アート」の定義は常に変化するし、ここでは「定義」することは意図していない。あくまでも筆者個人の解釈として受け取っていただきたい。

INTERVIEW

マルティナ・マーラ

［アルスエレクトロニカ・フューチャーラボ］

1996年、私が高校生の時にアルスエレクトロニカ・センターができました。最上階のスカイロフトと言う場所でインターネットに出会い、初めてチャットをやったんです。世界中の人たちとニックネームでチャットする。夢中になりましたね。時々高校をさぼってセンターに行っていました。世界中の情報を調べられることにも感動して、宿題もネットを使ってやったりして。でも親も先生も、大人はまったくそのことを知らなかったんです。インターネットのことも、それが何を可能にしてくれるかも。図書館で調べたのよって言えば、誰もそれを疑わなかった。

ウィーンの大学では、コミュニケーション、メディア、ジャーナリズムを学びましたが、研究を終える前に、出版社に雇われました。週刊誌の仕事をしたのですが、テクノロジーに関する特集でソーシャルメディア、オンラインゲームなどを取り上げていました。4年ほどして、自分のテーマを深く掘り下げたくて大学に戻り、マスターを取得しています。

その後は、ウィーンのデザインスタジオEOOSでプレス担当として働きました。スタジオの創業者ハラルド・グルンドルはサステナビリティ、社会デザイン、イノベーションプロセスなど未来の社会について思想と理論とをもっていて、私は彼とともに、デザインリサーチ機関デザイン研究所ウィーン（IDRV）をつくりました。資金援助先を見つけることも難しかったのですが、この仕事は刺激的でした。当時私たちはIDRVの活動の一貫として、アルスエレクトロニカ・フューチャーラボとの共同リサーチを思いつき、コンタクトをとってみたんです。実現はしませんでしたが、逆にラボ側から私をフリーランサーとして雇用したいというオファーを貰いました。新しいプロジェクトのコンセプトを分析し言語化し、資金調達するためのプランや資料をつくる仕事でした。ジャーナリズム、デザイン、メディアテクノロジーをバックグラウンドにもつ私に関心をもってくれたようです。

実際にそのプロジェクトのためにウィーンとリンツを往復する生活を2年ほど続けた後、フューチャーラボの正式なメンバーとして、リンツに移りました。今はここでキーリサーチャー、メディア・サイコロジストとして「ロボサイコロジー」のリサーチを担当しています。一言で言うと、人がロボットをどのように感じるか、ロボットがどのように振る舞えば、人や社会に受け入れられるのかについて研究しています。

心理学や社会科学の研究はまだ少ない状況です。これは人がテクノロジーに支配されないためにはどうすればいいのかという問いでもあります。テクノロジーに囲まれて暮らす私たちにとって幸福なかたちとは何かを考えることです。私はこのテーマで博士号を取得しました。

ウィーンから帰ってくると、リンツって本当に小さな街だなと思います。家族と暮らし、学び、未来のために働くことができる。私にとってパーフェクトな街です。世界中からさまざまな人たちが尋ねてくるから、国際的なレベルのディスカッションが毎日起きています。ローカルとインターナショナル、両方の質の高い文化体験があります。

アレクサンダー・マンコフスキー

[未来学者、ダイムラー社リサーチユニット]

今回、アルスエレクトロニカとの自動運転車開発プロジェクトをダイムラーの責任者として担当しました。いわゆる産業界の人々は時にアーティストと働くことに恐怖を感じます。奇妙な奴らだって思うでしょうからね。彼らのやっていることは現実とは違うって言いたくなる。実際ダイムラーでも全社をあげてプロジェクトを進めるには判断がいりました。社員と一緒に進んでくれる経営層の存在が必要でしたが、その責任を今回は私が負いました。

プロジェクトを始める前に、まず社内でアルスエレクトロニカが確かな機関であることを説明し、その上で、実際にアートワークをアルスとともに体験しています。ドローンを使って人とマシーンのさまざまなインタラクションを体験した後、お互いに感じたことをディスカッションしました。通常のビジネスミーティングとは随分異なる環境ですが、自分たちの向かいに座っている人たちが奇妙な人間ではないことはわかります。そして、自分とはまったく違う発想で未来の生活を考え、良くしていきたいと思っている人たちだということもわかる。アーティストと技術者がお互いを感じ合おうとする時、ボーダーラインは徐々に消えていきました。そして、ビジネスについて考えるステップに移ることができたんです。

このプロセスを経て、ダイムラーは未踏の領域に踏み込むことを決めました。いざ始めるとなると、2社の企業文化を翻訳する必要が出てきます。これは実際、大変な仕事でしたが、それができないとプロジェクトは立ち行かなくなる。アルスエレクトロニカ側も産業界と仕事をすることに困難を覚えたことでしょう。でもお互いにとっての挑戦なのですからやるしかありませんでした。

実際に、アルスエレクトロニカのメンバーは、私たちにはないアイデアをたくさんもっていました。自動車に限らず、生活に関わるさまざまな領域のアイデアです。アルスエレクトロニカは単なる展覧会やイベントではなく、さまざまな領域で未来をつくろうとしている人たちの取り組みが集まってくる、グローバルなプラットフォームです。

産業界も狭い領域の中に閉じこもらず、会議室から抜け出すことが必要です。しかもエンジニアは人間の知性や情熱、共感を忘れ、代わりに機械を崇拝する傾向にある。ダイムラーが稀な会社なのは、こうした社会科学と技術専門職を組み合わせた協働ができているからです。このような広がりをもった企業は他には知りません。

Episode アルスのDNA

フューチャーラボの研究と実践

今やフューチャーラボは、アルスエレクトロニカのクリエイティブ・エコシステムに欠かせない存在です。設立以来約20年、世界中の大学や企業との仕事を通じて組織内の地位を確立してきました。街の発展に貢献するには、発表の場だけでなく制作の場が必要であり、私たちは言葉だけでなく、プロジェクトによって人をインスパイアする存在でありたかったのです。

当初、「本当にラボが必要なのか」と懐疑的な声もありました。実際、公的資金ではなく研究・委託プロジェクトにより組織を維持するという条件付きで市の認可を得ています。始まってみると、展示やVR、インタラクティブ・インターフェースのレベルの高さが評価され、産業・研究双方からクライアントはすぐに見つかりました。

現在50名以上の従業員を抱え、ラボがアーティスティックな開発、技術指向のリサーチ、コンサルティングに特化し、ソリューションズが市場指向のアプリケーション開発を引き継ぎました。地元のビジネスや起業家との共同も行っています。これらが、アルス全体の資金調達に重要な役割を果たしています。

私たちの強みは、技術や利益重視に偏らず、アーティスティックな感受性を重視してきたことです。2002年に実現されたAR（拡張現実）を使った車のナビゲーションシステムやHONDA R ＆ DのASIMO、ダイムラー社とのコラボレーションは、それがいかに技術から人中心のアプローチへフォーカスをシフトできるかを示す例です。

革新的なパワーは常に更新される必要がありますが、私たちがアートの重要性を理解して働かなければ、エネルギーの源はすぐに干上がるでしょう。オリジナルのアートワーク、研究、委託業務プロジェクト、これらのバランスがアルスの推進力に必要な基本条件です。

（ゲルフリート・ストッカー／アルスエレクトロニカ社社長、芸術監督）

アルスエレクトロニカの挑戦

第7章

リンツ市と
アルスエレクトロニカ

経済政策と文化政策の両立が社会の質を決める

街の中央広場で開かれるマーケット

1 リンツ市の挑戦

1970年代から80年代にかけて、オイルショック後の世界的な経済不況の真っ只中で、リンツ市はいくつもの社会環境の改善と整備に挑んだ。最大の課題は若い世代の雇用創出。新たな大学の設立や、教育プログラムと産業振興の両立を目指す取り組みも、この時期に生まれている。

1973年には、リンツ市立美術学校が、リンツ芸術産業デザイン大学となり、新たな学部としてインダストリアルデザイン学科が地元企業の敷地の中につくられた。

1974年には、コンサートホール「ブルックナーハウス」がオープン。あわせて、クラシック音楽祭「国際ブルックナーフェスティバル」がスタートし、以降毎年開催されることになった。この国際ブルックナーフェスティバルと連携するかたちで1979年に始まったのが、「アート、テクノロジー、社会のためのフェスティバル」をテーマしたアルスエレクトロニカ・フェスティバルだ。この時始まった「クランク・ヴォルケ」には市民10万人が押し寄せた。

草の根活動の時期とリーダーの登場

1988年に就任したフランツ・ドブシュ新市長は、さらに産業政策、教育、文化、環境、社会保障を切り分けることなく、経済成長と社会政策とを一体となって進めていく方針を明確に打ち出した。そして「若く、革新的で、未来志向（Young, Innovative, Foward- Looking）の文化都市へ」というヴィジョンを掲げ、各分野のアクションプランを実行に映していく。市民のなかから生まれた「アルスエレクトロニカ」というムーブメントを、行政の立場から支援し、それを、新しいリンツ市のあり方を先取し提示するものとして、文化経済政策の核にしたのもドブシュ市長時代のリンツ市の戦略であった。

(1) 環境対策

当時リンツ市が真っ先に取り組んだのは、大気汚染の問題であった。原因は、鉄鋼会社が吐き出していたスモッグ、また家庭での薪ストーブ利用など、複合的な要因によるものだった。排出規制をはじめ、リンツ市はこの問題に徹底的に取り組んだ。同時に、再生可能エネルギーの導入促進も進められた。特に森林に囲まれた環境を利用したバイオマス発電や、廃棄物の燃焼による残渣火力発電など、リンツ市を含むオーバーエスターライヒ州全体としても積極的に推進されている。こうした総合的な環境政策の結果、2

013年には1988年との比較で二酸化硫黄（SO_2）、窒素酸化物（NO_x）、大気中のほこり等、大気汚染物質の排出量を75%近く削減することに成功している。現在のリンツ市は、オーストリア国内の工業都市のなかでも、大気汚染物質の排出量が最も低い都市となっている。*1

(2) 産業集積エリアの拡張

経済開発の面で指針となったのは、1989年に議会で採択された「経済行動計画」である。重工業の中心地から、多様な産業で構成される都市への構造的転換が打ち出され、国際会議場、デザインセンター、産業集積地の拡張、中小企業振興への投資など、複数の産業支援投資プログラムがスタートした。

リンツの古くからの産業集積地は、市東部のザンクト・ペーター地区周辺にあり、ここにはフェストアルピネ社、ケミーパーク・リンツ社など主力企業をはじめ、鉄鋼、化学　製薬、情報技術、エレクトロニクスなどの分野の企業が集まっている。その大きな産業集積地とも連結する地域に、1980年代後半以降、計画的にいくつかの新しい産業集積地が開発された。

1993年には「デザインセンター・リンツ」が、ザンクト・ペーター地区と市街地との接続エリアに建てられた。ガラスの天井を有する近代的なデザインのコンベンションホールは、ドイツ・ミュンヘン生まれの建築家、トーマス・ヘルツォークが設計したものだ。産業イベント、見本市、国際会議場の他、コ

上：リンツ市東部の産業集積地ザンクト・ペーター地区
下：リンツ市の中心的企業、鉄鋼会社のフェストアルピネ社

ンサートや結婚式会場として活用されている。

そのほかにも、1998年には同地区の北側、市内北東部の港湾部にオーバーエスターライヒ州最大の技術センター「テックセンター」が、同南側には、ビジネスセンター「サウスパークリンツ」がつくられ、33万3000平方メートルの敷地に貿易、食品小売業、ソフトウェア開発、木工事業などが集積している。

こうしたさまざまな開発を進めるにあたり、1988年には、「デザインコミッティ」が設立された。コミッティは、都市デザインや建築家、国内外の専門家たちで構成され、アドバイザリーボードとして、リンツ市内の開発指導や建築設計のコンペティションを運営することで、リンツの伝統と現代性とを兼ね備えた景観品質を維持、更新することを目指している。

(3) 社会サービス

産業振興と並行して、社会サービスの拡充も同時に進められている。[*1] 1990年には「福祉計画」が市議会の満場一致で採択されている。社会保障の整備、とりわけ多様な人々の社会参加の機会を広げることが重視された。特に、労働環境の改善と育児しやすい環境整備とによって、女性の社会参加が大きく進んでいる。1988年と2012年を比較すると、特にリンツ市と民間業者が運営する3歳以下の幼児のための保育園の合計数は9件（1988年）から35件（2011年）へと4倍近く増えており、これらの施設を利用する3歳以下の子どもたちの数も349人（1988年）から1029人（2011年）へと、やはり3倍近くに増えている。結果的に、女性の就労率は、42％以上向上している（7万人程度↓10万人）。男性の雇用がさほど大きく増えていないことに対して、その数字には驚くべきものがある。

高齢者向け施設も、市運営、個人運営併せて、約20件増え、施設利用者総数は857名（1988年）から2103名（2012年）へ約2・5倍となっている。高齢者向け施設の従業員数、介護サービスの専門スタッフや、ICT技術を活用したモバイルサービスなども増え、施設におけるケアと自宅でのケアを合わせた稼働時間が劇的に増加している。

低所得者層向けには、月10ユーロの「リンツ・ラインパス」というトラム乗車切符が支給された。また、子どもや若者たちの遊び場、市民が自由にアクセスできるパブリックスペース、野外スポーツ施設や、体育館も拡張されている。

1988～2012年の25年間でリンツ市が取り組んだ公共施設整備

公共施設		1988年	2012年
公園	数	91	119
	広さ	225万5,387m²	286万5,239m²
子どもや若者の遊び場	数	79	111
	広さ	28万6,102m²	31万4,433m²
屋外スポーツ施設		92	136
体育館（屋内施設）		95	102
特別なスポーツ施設		136	153
森		358万8,890m²	582万5,575m²

（出典：Linz verändert（1988-2013））

(4) 文化サービス

1988~2012年までの間に、27の文化施設がつくられている。ミュージック・パビリオンが1990年、デザインセンターが1994年、アルスエレクトロニカ・センターが1996年にオープンする。さらに2003年には、市立レントス美術館がドナウ川南岸、センターと向かい合う位置にオープンした。1989年に完成した州立のOK現代美術センターと合わせて、リンツ市内に二つの現代美術館が存在することとなった。OK現代美術センター、レントス美術館、アルスエレクトロニカ・センターはそれぞれ歩いて10分程度の距離しか離れていない。

もともと、リンツ市には、若い世代のもつ創造性を育もうとする風土があった。現在でも近隣エリアにおけるオルタナティブ・カルチャーの中心地であり、ウィーン、ザルツブルクといった伝統的な文化都市に対して、個性的な文化を育んできた土壌がある。

ソーシャル・パートナーシップ――経済成長と社会的公正の両立

以上のように、リンツ市が進めてきた取り組みは、経済成長と社会的公正との両立を目指すものであった。機会均等や男女平等、地域振興、文化的発展、職業教育なども、社会の生産性を高めるための積極的な要因として捉え、中小企業の支援、失業対策、住宅供給、社会福祉の充実などの具体的な政策アクションが進められてきた。

市場経済の活力を生みだし、経済的効率性を活かしながら、失業問題、社会的格差を縮め、市民の生活環境を改善するという、高度なバランス感覚が行政側に求められる。何より雇用問題を含む経済状況は、すべての市民を巻き込んで改善しなければならないほど悪化していた。市は、こうした政策を実現するために、「対話」（ダイアローグ）や、「協調」（パートナーシップ）という方法論を重視してきた。

「ソーシャル・パートナーシップ」と呼ばれるステイクホルダー間での調和を重視する協力関係は、オーストリアの大きな特徴で、経済政策だけでなく、社会政策、文化政策などの分野にもこの「パートナーシップ」という発想はおよんでいる。オーストリアは、ドイツとともに、歴史的にも労働組合の存在が大きく、労使での対話や協調によって、こうした経済的成長と、社会福祉・雇用保障を充実させる福祉国家モデルを代表する国として知られている。そこには、第二次世界大戦期における統制経済、独裁的な政治体制への反省、社会的な排除を避けることへの真摯な願いがある。

また、１９８０年代以降、新自由主義（ネオリベラリズム）が世界に広がると、英国ではサッチャー政権のもと貧富の差が拡大し、若者の失業者が増大する。１９８９年の東西ベルリンの壁崩壊、冷戦終結、東西ドイツの再統一、さらにソビエト連邦解体という激動の時代、かつて東と西とに分かれていたヨーロッパの狭間に位置するオーストリアは変化の潮流を真っ先に受けとめていたはずだ。〃社会的排除〃ではなく〝社会的統合〟を、〝市場競争〟から〝市場競争の効率性と社会的公正の両立〟を目指す政策は、リンツ市においてはリアリティのある選択肢だった。

そして、そこには、対話と協調という方法論が求められる。それは、アルスエレクトロニカの活動の根底にも通じる、やはりこの街の「文化」と言えるものだ。

2 鉄鋼の街から、文化都市への転換

2000年にリンツ市は「文化発展計画」を発表した。[*2] 1980年代後半より進められた行動計画とアクションプランによって、質の高い産業集積地、文化施設が生まれていたが、それらをつなぐためにリンツ市は、「文化発展計画」に長い時間をかけ、さまざまな市民の声に耳を傾けていた。

文化、教育、科学分野の専門家、産業、行政関係者だけでなく、アーティスト、政治団体、メディア、市民グループ代表者らがプロセスに参加する機会を設けた。1998年9月には、旧市庁舎で一般市民を交えた議論が開催され、あわせてインターネットでの投稿も奨励された。

最終的に公開された「文化発展計画」において、ドブシュ市長は「鉄鋼の街から、文化都市へ」と、新たな街の進路を宣言した。この目標を達成するための姿勢を「すべての人たちのための文化（Culture For

All)」として、次の四つが基本原則として挙げられている。

①経済、技術、文化の組み合わせこそがリンツ市の特徴であり、長期にわたり、この融合を確かなものへ発展させる。

②芸術と文化は、生活のすべての領域において人々に創造性を提供するものである。こうした創造力、活動力、想像力、直感力は、将来極めて重要なスキルとなっていく。芸術と文化は、生活の質を豊かにし、自立したプロフェッショナルとしての個人を生みだしていく。

③芸術と文化とは、自由を保証された環境のなかでのみ発展する。それ故、政治的民主主義、人間性、連帯性、透明性、自己決定、平和、非暴力、他者への寛容性といった基本的な民主主義的な価値は、民主的な文化政策と芸術の自由のための前提条件として不可欠である。

④文化政策は、リンツ市民の生活の保護と開発のための基本的枠組みであり、そのための最良の条件を（リンツ市は）保証する。

文化発展計画とアルスエレクトロニカ

計画のなかで、アルスエレクトロニカ・センターは「経済的、科学的な資源を地域社会にもたらす、リンツ市およびオーバーエスターライヒの州にとってのネットワーク・インタフェース」と定義づけられている。実験的かつ自由な発想を提供することで、若年層を中心とする市民に対しては、新しい科学技術に関する教育機会となり、産業界にとってはイノベーションを誘発する効果が期待された。

また、アルスエレクトロニカ・フェスティバルは、ドナウ川沿いの文化ゾーンや都市景観の価値を高めるだけでなく、多様な人々が出会う社会的空間として位置づけられている。アート、テクノロジー、サイエンスなど分野横断的な視点、対話とネットワークを活かして、市民とともに新たな価値を探求する姿勢は、異なる文化をもった人たち同士が出会い、協力し、一緒に働き、ともに生きていくという、今後の市民の暮らし方、生き方へとつながる、まさに「文化発展計画」に欠かせないアプローチであった。

なぜ文化首都を目指したのか

ドブシュ市長は「文化発展計画」の策定と同時に、それを具現化するために、さらに高い目標を設定した。ヨーロッパの「文化首都」を目指すという目標だ。

「欧州文化首都」とは、欧州連合（EU）が推進する文化振興政策プログラム[*3]である。加盟国によって構成された文化閣僚会議において、毎年2～3都市が「欧州文化首都」として選出され、選出された都市は年間を通じてさまざまな文化イベントを開催する。「欧州文化首都」は観光促進、街の知名度とイメージの向上、文化施設の拡充、振興産業などの効果を生みだすとして注目されており、各都市は選出をかけて激しい競争を強いられる。申請に当たっては、候補都市は「ヨーロッパとしての共通性と多様性」の2面から考案される文化プログラムの計画と同時に、資金計画、市民をはじめとするさまざまなステイクホルダーの参加を促す戦略、中長期的な都市の発展シナリオを明確にしなければならない。

ドブシュ市長はこのシナリオを明確にすることによって、「鉄鋼の街から、文化都市へ」という目標を達成しようとしたのだ。そして市長の宣言で始まったこの挑戦は見事に成功する。「欧州文化首都」への申請書の冒頭には、リンツは「未来の実験都市（Linz - Laboratory of the Future）」と記され、21世紀において未来志向のメディア技術を核に、新たな生活文化を創出していく「ヨーロッパにおける未来の実験室」としてのポジションを発展させると宣言されている。

そして2005年、リンツ市は欧州連合から2009年における「欧州文化首都」として選考を勝ち取る。2009年はくしくも、1979年にフェスティバルがスタートしてから30周年を迎える年となった。2009年4月には「リンツ 2009GmbH（有限責任会社）」が立ち上げられた。欧州文化首都年プロジェクト「リンツ09（Linz09）」は、2009年の1年間だけでなく、その後のリンツ市の持続的な文化的発展のために、2005年から2010年にわたる中期的な視点でプロジェクトが計画された。

最終的なプロジェクト費用は、6867万6000ユーロ（約81・5億円）となり、リンツ市、オーバーエスターライヒ州、オーストリア連邦政府（教育・芸術・文化省）が、それぞれ29・12％（約2000万ユーロ、23・7億円）を、欧州連合が150万ユーロ（約1・8億円）を出資している。またその他のスポンサーからは1050万ユーロ（約12・6億円）を得ている。またこの費用は、プログラムの開発と実施に4238万ユーロ（約50・3億円、全体予算の61・71％）が、マーケティングとプロモーションに1332万ユーロ（約15・8億円、同じく19・4％）が活かされている。

2006年から2008年の3年間はプレイベント期間となり、実際の欧州文化首都年となった2009年をあわせた4年間に開催された文化プログラム総数は、大小合わせて7700にも及んだ。参加したアーティストは世界66カ国から約5000組となり、200人のボランティアも参加している。2006年から2009年までの「リンツ09」への総訪問者は、348・3万人を数えた（2009年単年の290・3万人から約20％増）。この間、ウィーンではマイナス3・8％減、ザルツブルクでは2・2％減である。

この結果は、リンツ市民の約50％が、またオーバーエスターライヒ州民の約30％、そしてオーストリア国民の7・5％が少なくとも1回は「リンツ09」のプログラムに参加した計算になる。また世界的な不況の影響で、周辺の各都市が観光客数を減らしている中で、リンツ市の滞在客数は2009年においては9・5％の増加となった。

また地元のヨハネスケプラー大学経済学部によると、2005年から2011年において、「リンツ09」がオーバーエスターライヒ州全体にもたらした経済効果は、GDP換算で約4・26億ユーロ（約505・4億円）と見積もられている。また地域の社会資本という観点では、2005年と2011年の間に、オーバーエスターライヒ州全体で、4625人分の雇用が生まれたと算出されている。

また、アルスエレクトロニカ・センターも２００９年の欧州文化首都の年を機に大幅にリニューアルされ、現在の印象的なガラスのファサードで包まれた新しいセンターへと変貌、展示空間も３０００平方メートルに拡張している。「リンツ09」は、文化と技術革新をその強みとする欧州の新たな「文化首都」としてのリンツを、リンツ市民、そして世界各地の人々が発見する機会となった。[*3]

この数年間にも渡った「欧州文化首都」のプログラム運営を通し、市内の各美術館、コンサートホール、博物館、行政側の文化、観光担当者、産業界など、街のさまざまなステイクホルダーたちの間に、横連携のネットワークが生まれた。これは欧州文化首都年以降、現在にも活かされ、リンツ市が持続的な文化的、社会的な発展をさらに実現させていく上で、極め重要な成果となっている。そして、「欧州文化首都」はリンツ市にとっての大きなマイルストーンとなった。そして、この年の体験は、市民のなかに、アートやテクノロジーが社会的発展に現実に寄与すること、そして「未来は自分たちの手でつくりだすことができる」という実感を生みだしていった。

こうしてリンツは、アート、テクノロジーの力を活かしながら、新しい価値を創出する社会モデルを現実させるのである。アルスエレクトロニカとは「リンツ市の変容（トランスフォーメーション）そのものである」と言われる所以はここにある。

3 市民にオープンであること

オープン・コモンズ・リンツ

その後、リンツ市に生まれた社会的な変化の事例を挙げてみたい。

リンツ市は、２００９年から、市がもつ公共の情報やデータを、市民が無償で自由に二次利用できる形式でオンライン上に公開する、「オープン・コモンズ・リンツ」[*4]という取り組みを立ち上げている。

人口統計、市の行政予算計画といった基本的な行政データだけでなく、教育・文化施設、スポーツ施設、保育園、幼稚園や高齢者センターなどの場所や運営状況、市議会の記録、美術館の予算計画、街で開催されるイベントやレクリエーションのスケジュール、病院で働く医師の数やその訓練レベル、航空写真や高解像度な地図情報、教育学習素材、議会の議事録、科学論文など、その内容とフォーマットは多岐にわたる。２０１６年の大統領選挙時には、選挙区ごとの男女別の有権者数ごとの各候補者への得票数もすぐに公開された。

情報公開を進めることで、地域行政の透明性を高め、市民との信頼関係を深め、オープンデータを通して地域の課題を見つけだし、生活をより良くするサービスをつくりだすこと。地域に暮らす多様な人々との協働を進めることで、地域社会全体の活性化を奨励するのが狙いだ。

オープンデータを活用して、市民が主体的に生活の質を高めることを促す取り組みは「オープン・データ・ガバナンス」とも呼ばれ、世界各地で進んでいる。リンツ市はヨーロッパ全体のなかでも早い段階で着目し、いち早く市の行政サービスとして立ち上げている。

公開されているこうした公共データや情報は、商用利用を許可する利用可能なフリーのライセンス（クリエイティブ・コモンズ「CC-BY」[*5]）の元で、2次利用や、新しい

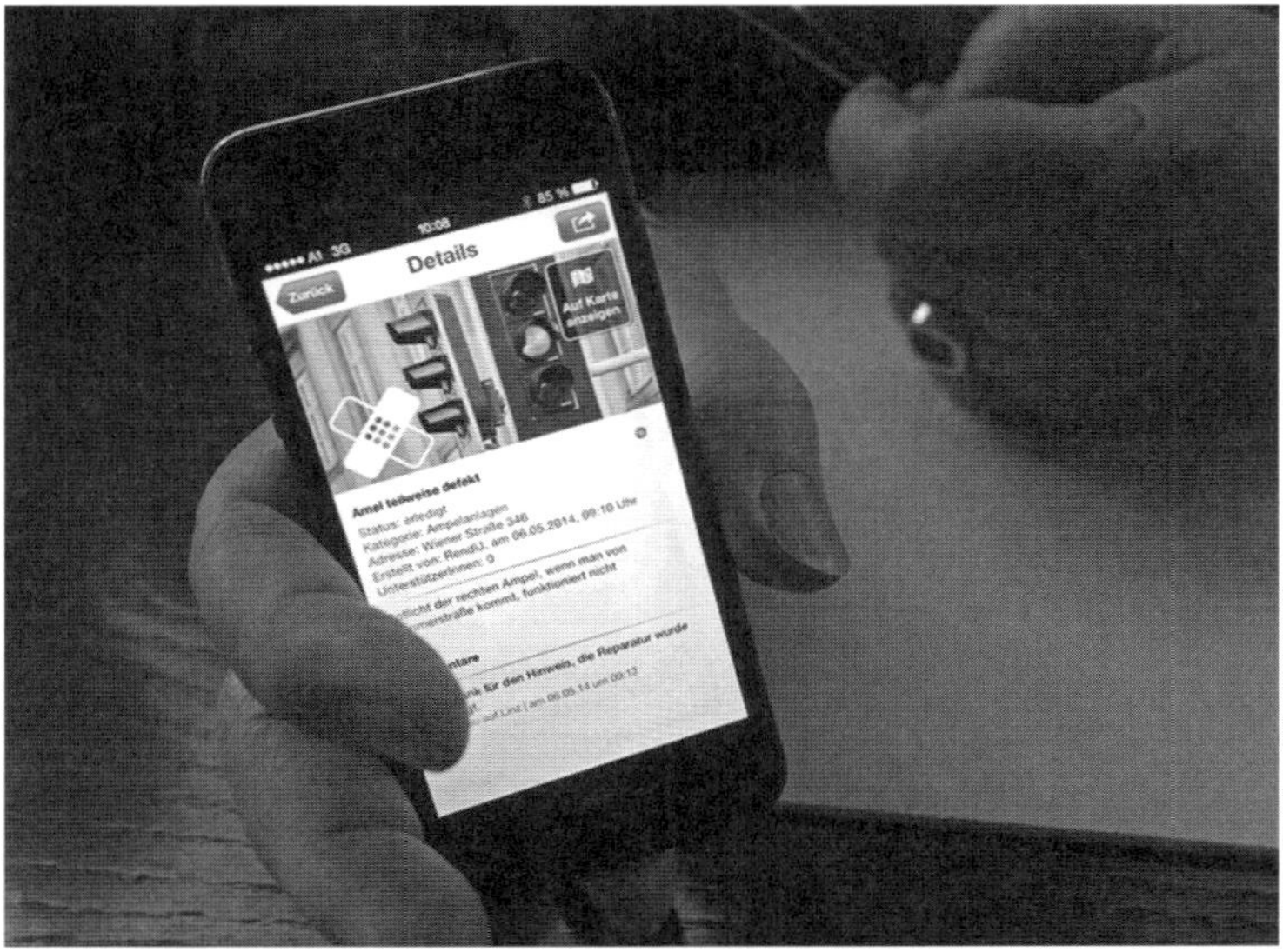

オープン・コモンズ・リンツの取り組みの一つとして開発されたスマートフォン用アプリ。例えば信号機の故障など、市民が直接行政担当者にメッセージを送り、速やかな公共サービスの改善を行える。ちなみにスマートフォンをもっているのはフランツ・ドブシュ前市長

パブリックサービスのためのアプリケーション開発などが奨励されており、オープン・コモンズ・リンツのウェブサイトには、サービスを利用するためのガイダンスが提供されている。

また公共データの公開とその利活用の促進の他にも、市内の広場、公園、公共交通機関、コミュニティセンター、図書館、美術館、レクリエーション施設、スイミングプールなど、市内２００か所以上で無料のＷＬＡＮを活用できるサービス「ホットスポット・リンツ」、５ＧＢ分のウェブスペースを市民に無料で提供する「パブリックスペースサーバー（Public Space Server）」といったサービスも合わせて提供されており、オンラインサービスを通じて、市民の生活、文化活動を支援する体制が充実している。

２０１２年には、オープン・コモンズ・リンツの取り組みや市民の利活用を促すために、「アップス・フォー・リンツ（リンツのためのアプリ）（Apps4Linz）」というコンペティションも開催された。観光客のためにホテルの選択や公共交通機関利用をガイダンスするアプリ、バスやトラムのリアルタイム運行情報を提供するアプリ、リンツ市内の公園や遊び場と遊具の情報を検索できるサービス、議会の記録とそこでどんなトピックスやキーワードが多用されたかが可視化されるサービス、大気の質をモニタリングするアプリなど、市民から多数の応募が集まった。

オープン・コモンズ・リンツのスタート以来、すでに50以上のアプリケーションが開発され、それらの一部はアプリストアなどを通じてダウンロードすることが可能だ。

シティ・チェンジ・テント

オープン・コモンズ・リンツの取り組みのなかで、とりわけリンツ市らしいのが「シティ・チェンジ・テント（City Changes Tent）」というエキジビションだった。春と秋にドナウ川沿いの公園で行われる市民祭りのプログラムの一つで、移動式遊園地やキャンディやアイスクリームの屋台、出店が並ぶなかに700平方メートルの大きな点とが設置された。このテントの中では現在のリンツ市の街の様子、これからの街の未来や世界との関係などが、子どもからお年寄りまで楽しめる体験型のアトラクションとして展開されていた。そのうちの主なものを紹介したい。

○「上空から見たリンツ（Linz from Above）」

テント内にはリンツ市全域の高解像度の航空写

ドナウ川沿いの公園で開催されるシティ・チェンジ・テストの会場（2014）

真が一面に敷かれ、住民は入り口から入ると、この巨大な地図の上に立って街の全貌をひと目で、そして直感的に捉えることができる。

○**「数字で見るリンツ（Linz in Numbers）」**

リンツ市とリンツ市の市営企業群の仕事を伝えるインスタレーション。未来のリンツ、社会、生活、教育、交通、インフラ、健康、スポーツ＆レジャー、文化など、トピック別に選択でき、興味に応じて街の現在の姿を体感することができる。

○**「インサイト（(In) Sights）」**

１００年前と現在の街の風景を比較できるメディアファニチャー。過去のリンツの絵を描いたポストカードをテーブルの上に置くと、その場所の現在の姿を呼び出すことができる。小さな子どもたち以上に、親やお年寄りたちが、テーブルにかぶりついて楽しんでいた。

○**「太陽光発電力評価（Roof solar suitability assessment）」**

街の地図上に太陽の日照時間、その時間の発電量などをシミュレートし可視化したもので、街全体の自然エネルギー活用ポテンシャルを知ることができる。

○**「リンツピッカー（Linz Pflueckt）」**

市内で２０００か所以上の公共の果物、つまりリンツ市が税金で植樹している木の位置とその熟成具合を地図にしたアプリ。税金で植樹されたリンゴの実だから、これもパブリックドメインだということで、

上：「上空から見たリンツ」
下：「インサイト」

市民がとって食べてもよい。このアプリは、自然環境に恵まれたリンツ市らしく、市が管理する樹木に関しては、位置情報、種類（科、属、種）、高さや幹周りなどの情報も調べられ公開されている。

◯「街をデザインしよう（Design Your City）」

子どもたちが自由に発想した「街」のデザインをリアルタイムの街の風景に重ねることができるワークショップも実施されていた。

◯「シャドウグラム（Shadowgram）」

駅でポーズをとると、自分自身の影がその場で「シール」になって出てくる。漫画の吹き出しみたいなスピーチバルーンに自分の声やメッセージを書き込んで、自分の影に何かを話させてみるという仕掛け。すでに貼られていた誰かの影やそのポーズがインスピレーションになって、そこにつなげるようにユニークなポーズをとる人も現れ、見る間に壁全体がリンツ市民の無数のシルエットで埋め尽くされていった。アルスエレクトロニカ・フューチャーラボが開発したこのシャドウグラムは、「ソーシャルなブレインストーミングのためのツール」だという。社会との関わりのなかで、個人のアイデアや意見をポジティブに生みだしていく。シャドウグラムを使って集められた、市民の「影」と「声」は、リンツ市側で集められ、その内容が解析されているそうだ。アートは多様な人をつなぎ、人の創造性を励まし、社会のために活かすこと。アートは人々をより深く理解するための手段。アルスエレクトロニカの哲学はこんなところにこそ、とてもよく表れているように思う。

上：「太陽光発電力評価」
下：「街をデザインしよう」

この「シティ・チェンジ・テント」エキシビションは、リンツ市とリンツ市が運営する各公営企業とが連携し実施している。またこの展覧会のインタラクティブなインスタレーションは、アルスエレクトロニカ・フューチャーラボ、そしてソリューションズのチームによって製作された。ちなみに、公営企業には、社会福祉サービス事業社（病院、シニアセンター）、文化教育サービス（コンサートホール、イベント会場など。アルスエレクトロニカ社はこの一つ）、住宅・不動産開発、情報通信技術サービス、セキュリティ、鉄道、空港などがあるが、これらの公営企業の活動を紹介する目的もこのエキシビションにはある。アルスエレクトロニカのチームはそのなかで、アートとテクノロジーの力によって、行政の仕事やオープン・コモンズ・リンツの方針を市民が体験することに大きく貢献している。技術革新を、人の視点から捉えて、地域社会の力に活かしていく。アートやテクノロジーを触媒にして、街の変化のなかに市民を巻き込んでいく。そうした発想や取り組みも、アルスエレクトロニカとリンツ市とのパートナーシップが生みだしていった成果だ。

この「シティ・チェンジ・テント」は、リンツ市のドブシュ前市長の時代に始まった。一度だけ、彼にお会いした際に、彼は自分のスマートフォンを取り出して、オープン・コモンズ・リンツの取り組みのなかで生まれた一つのアプリを私に見せてくれた。大きな身体でニコニコと満面の笑みを浮かべながら、「これは私がつくったんだよ」と。それは信号機などの故障を見かけたら、市民がすぐに交通サービスの担当者に写真と一緒に報告することができるアプリだった。

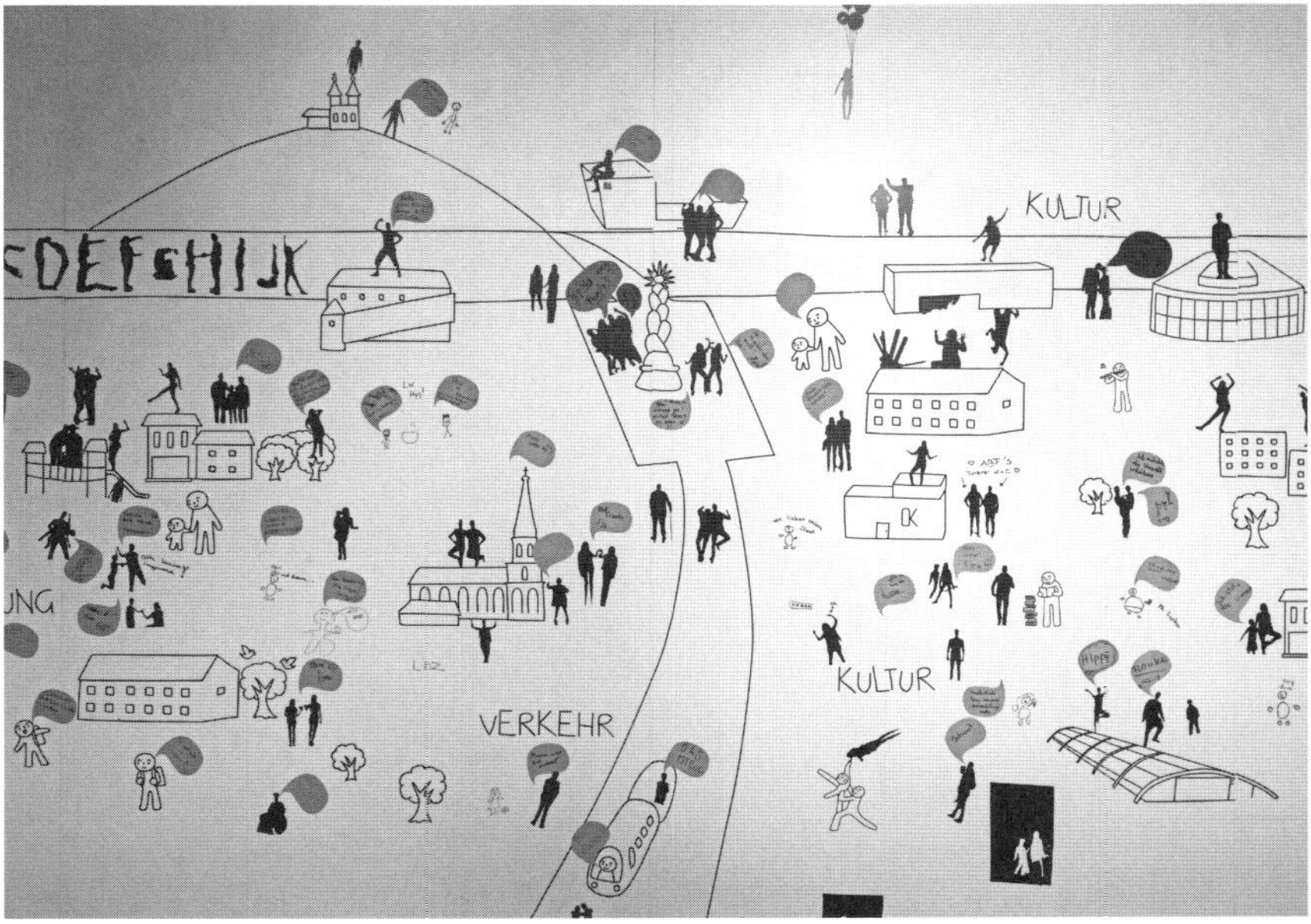

「シャドウグラム」。自分の影がシールになって出てくると、それが市民の影と声になって地図上に現れる

――政治家の仕事は、市民にこの街が今どう動こうとしているのか、どこに向かおうとするかを明らかにすることです。オープンであること。そして変化のプロセスを市民と共有しあうことが、その最も大切な仕事なのです。

（フランツ・ドブシュ／前リンツ市長）

［注釈］

＊1　リンツ市「Linz verändert（1988-2013）」

＊2　リンツ市「文化発展計画（KEP Kulturentwicklungsplan der Stadt Linz）」http://www.linz.at/kultur/kep/k-start.htm

＊3　「FINAL REPORT LINZ 09（Linz2009 European Capital of Culture）」

＊4　「Open Commons Linz」（http://opencommons.linz.at/）

＊5　「クリエイティブ・コモンズ」クリエイティブ・コモンズ・ライセンス（CCライセンス）を提供している国際的非営利組織とそのプロジェクトの総称。CCライセンスは、インターネット時代のための新しい著作権ルールで、作品を公開する作者が指定する条件下で他者が作品を自由に使うことを認める意思表示。CCライセンスを利用すれば、作者は著作権を保持したまま作品を自由に流通させることができ、使い手は条件の範囲内で再配布やリミックスなどをすることができる（https://creativecommons.jp/licenses/）。

INTERVIEW

フランツ・ドブシュ

［前リンツ市長］

アルスエレクトロニカのことは、1979年の第1回目の頃から注目していました。メディアで大々的に報道されましたし、私自身もアルスエレクトロニカ・フェスティバルで行われた最初のクランク・ヴォルケに参加しています。

1988年に私が市長に就任した当時、アルスエレクトロニカはすでにリンツの街にとってポジティブなイメージを確立していました。例えば、未来の重要トピックを扱うことで、この街はザルツブルクやグラーツとは別の文化的地位を築こうと努力していたのです。アルスエレクトロニカはリンツの新しい時代の幕開けを象徴するものであり、それを花開かせるために考えついたマーケティング・スローガンが「リンツ、動き出す街（Linz, eine Stadt lebt auf）」でした。

まず、私たちは新しい施設、アルスエレクトロニカ・センターをつくり、それを拡張してきました。センターはフェスティバルを通して市民にも親しまれ、欧州文化首都となった2009年のイベントではその舞台となりました。新しいセンターはドナウ川にまたがる街の中心にある橋に面し、建築的にもリンツの街と人々の新しいイメージを体現しています。

アルスエレクトロニカとアルスエレクトロニカ・センターは、私たちの街のクリエイティブ精神を打ち出し、文化的・商業的な未来への挑戦に立ち向かってきました。リンツはダイナミックな街として世界に知られるようになり、若者からも年配者からも、アルスエレクトロニカ・センターはサクセス・ストーリーとして認識されているのです。

INTERVIEW

クラウス・ルーガー市長

［現リンツ市長］

市長になって約3年が経ちます。私自身リンツ出身で、父が労働組合をやっていたこともあって、若い頃から社会民主党に所属し、政治家を目指してきました。その頃と比べると、この街は産業、文化、生活の質、教育、環境、さまざまな側面で劇的な変容を成し遂げてきました。

もちろん、行政もできることはやってきましたよ。企業の誘致、文化施設や社会インフラの整備、教育への先行投資といった一般的な対応策。しかし何より社会の変容に必要なのは、その根底に変化に対してオープンなマインドセットがあることです。アルスエレクトロニカはそのマインドをもつきっかけを市民に与えてくれました。

オープンマインドがあれば、目の前の課題に多様な解決策を導きだせます。ある課題に明確な一つの答えを見出しにくい現代にはなおさら重要です。経済至上主義はもはや欧州でもベストの解決策ではなくなっているし、難民問題も同じです。従来の経済的なプレッシャーを感じる人たちは、オープンであることよりも、社会の統一性を求め、むしろ変化を求めません。しかし閉じた狭い発想ではもはや問題は解決できないのです。

多様性の実現が難しいことはわかっていますが、リンツ市はさまざまな経験、歴史、課題を乗り越えて道筋を見出しました。それは経済的なサバイバルに対しても、正しい方向だと自信をもっています。文化とは音楽や絵画といった表現形態というより、社会のシステムであり、生き方の問題なのです。

INTERVIEW

ポール

［リンツ市民］

ザルツブルクの大学を卒業した後、15年前にリンツに引越してきました。現在は会社も自宅もリンツ市内にあります。家族は4人、女の子が2人います。小さな会社ですがDVDやブルーレイなどのソフト制作会社に務めています。リンツでは最近、新しい会社がたくさん生まれているようですね。

実際、以前に比べると街は随分変わりました。アルスエレクトロニカがきっかけだとは思いますが、街全体が変わった。一言で言うと、とてもオープン・マインドになったんです。

人生や社会のためには人のつながりが重要ですが、この街では若い世代、年配の世代、いろいろな人たちとのつながりが自然と大切にされているように感じるんです。

ザルツブルクはもっと観光都市で、人々はとてもオープンだとは思えませんでした。それがこの街に引っ越してきた理由でもあるのですが。リンツにきて家族とともに過ごすようになってから、ますますそのようなことを考えるようになりました。

アルスエレクトロニカ・フェスティバルには何度も来ていますよ。今日はこれから長女と一緒に、「u19― クリエイト・ユア・ワールド」のワークショップをいくつか体験するところです。テクノロジーを使ったユニークなアート表現を子どもたちも、私も楽しんでいます。

ここに来ると、いつも新しいアイデアや仕事のヒントを得ることができるので楽しいですね。いろいろな展示を見ながらインスピレーションを得ています。

Episode アルスのDNA

アルスエレクトロニカのエコシステム

テクノロジーが私たちの日常生活になじみ、文化を形づくるには創造性（クリエイティビティ）が不可欠で、しかも継続的に投資する必要があります。アルスエレクトロニカは38年前から、未来を形づくるためにアートを推進してきました。直感と洞察をきっかけに始まりましたが、経験を通して新しいイベント、手法、戦略を開発してきました。クリエイティブ・クエスチョン、アーティスティック・プロトタイピング、アート思考といった概念を用いたフューチャー・イノベーターズ・サミットなどのプログラムは私たちの精神を社会に還元する試みで、教育や政策、新しい製品やサービスを生みだしています。

例えば、プリ・アルスエレクトロニカの新カテゴリー、デジタル・コミュニティ部門は2004年に始まりテクノロジーを社会改善に活用する優れた実践を見出してきましたし、数々の世界的な研究施設との提携によるアーティスト・イン・レジデンスのプログラムにも試みは広がっています。2012年には、CERN（188頁）とのコラボレーションをスタートさせました。チリに超大型望遠鏡を持つESO（ヨーロッパ南天天文台）、ESA（欧州宇宙機関）、ドイツの応用研究機関フラウンホーファー協会もまた、このプログラムのパートナーです。この多様な学際的プロジェクトの経験を経て、欧州委員会の任命のもと立ち上げたのがSTARTS（247頁）プログラムです。

これらすべての活動や成果は、リンツの街と地域の発展に貢献する力です。国際的ネットワークもセンターの教育的尽力も、地域のスタートアップのための技術的サポートも、ラボで開発された自律ドローンの群れスペクセルズも、エコシステムにおいて互いに貢献しあい、恩恵を受けあっているのです。

（ゲルフリート・ストッカー／アルスエレクトロニカ社社長、芸術監督）

Epilogue：変化にオープンでポジティブな都市

リンツ市とアルスエレクトロニカの成果

２０１５年の冬、リンツを再び訪れた。短い滞在期間にできる限り多くの市民から「アルスエレクトロニカがあることで、日々の生活にどのような変化があったのか」、聞いてみたいと思い、街を歩き回った。アルスエレクトロニカ・センターにやってきたお婆さんと孫たち、鉄道の駅員、レストランのオーナー、地元企業の広報担当者、「タバクファブリーク・リンツ」に入居している若い建築家チーム、観光案内所のスタッフ、ホテルのレセプションで働いている女性、教会の文化事業担当者、地元の公立学校の校長先生、そして通りですれ違った犬を散歩させている初老の男性など、結果的には2日間で20人ほどの人と出会い、話を聞くことができた。取材を重ねるなかで、ふとあることに気づいた。多くの人たちがさりげなく会話のなかで、ある一つの言葉を共通して用いていた。それは、「オープン」という言葉。

――リンツの人たちは、この大きくない静かな街に誇りをもっています。大戦中にはヨーロッパ中から強制労働者が集められた街でもあるし、もともと上流階級のいるような街でもなかったから、今でも新しいことに極めてオープンです。産業へのサポートも手厚いので、ちょうど今若くクリエイティブな人たちが集まって来ているところです。

（ユルゲン・ハラー／建築家）

――世界中の人が来るようになったから、伝統的なオーストリア料理は30％くらい、それ以外は毎日メニューを考えて新しいレシピに挑戦しているんだよ。自分たちをオープンにしてくれる社会が、キッチンにも刺激を与えてくれるんだ。

（アルフレッド・ポインター／シェフ）

クラウス・ルーガー市長にも質問を投げかけてみた。「アルスエレクトロニカがリンツ市の文化的、社会的な発展において見せた、もっとも重要な成果はなんでしょうか」。

――近代的な開かれた考え方を養い、新しい動きにオープンでいられるメンタリティを市民がもたなければ、社会全体が変わることはありえません。

（クラウス・ルーガー／リンツ市長）

そのマインドセットをつくりだしたのが、アルスエレクトロニカである、と。長い歴史のなかで、世界各地から多様な民族や文化を受けとめてきたオーストリア。ヨーロッパの帝国から小国へと移ろうなかで経験してきた幾多の民族間の葛藤、イデオロギーの対立、戦争の悲劇。この国はその経験を「対話」と「相互理解」に基づく社会の仕組みを育てることで乗り越えようとしてきた。「オープン」であることとは、この街の人々と社会が育んできた知恵、つまり「文化」であったのだと思う。

だとすれば、アルスエレクトロニカは、地域社会が過去から育ててきたその「文化」を、さらに「未来」志向へシフトさせる営みであったのではないか。リンツの人たちが「オープン」という言葉を口にする時、そこには立場の異なる人々への「寛容さ」だけでなく、未来の変化をポジティブに受け取り、楽しもうとするマインドをも含んでいる。アルスエレクトロニカがこの街に生みだした最大の成果は、この「未来の変化にオープン」な生き方ではないだろうか。

——未来社会にどんな生き方をすればいいのか？　どのような振る舞いをすればいいのか？　リンツ市民がアルスエレクトロニカを通して経験することで学んだのはそのことです。（クラウス・ルーガー）

リンツ市の変化

アルスエレクトロニカが地域社会にもたらした変化を、あらためて整理してみたい。

①デジタル技術の高度な先端テクノロジーを地域資源と位置付けた

古くからの産業都市であったリンツ市は、未来の地域資産を「デジタル技術等の高度な先端テクノロジー」にフォーカスした。新しい技術革新が社会・文化的発展にどのように役立つのか、街の人々の暮らしをどのように変えるのか、中長期的な視点から探索し続けることを決めた。その視点は、アルスエレクトロニカの活動の哲学、「アート、テクノロジー、社会」と共鳴してきた。

②アートとテクノロジーへのアクセシビリティを高め、知的人材を育成した

「アート、テクノロジー、社会」というフレームを通して、メディア・テクノロジー、ロボティックス、

バイオ・テクノロジーなど、最新の科学技術の動向を世界規模でいち早く察知し、その重要性を市民にわかりやすく伝え続ける。フェスティバルやセンターなどの持続的な活動を通して、市民、行政、産業などの多様な市民を広く巻き込み、新たな対話、議論、触発を促した。

③アートとテクノロジーの国際的ネットワークを形成した

コンペティション、フェスティバル、エクスポートなどの手段を使って、世界的なクリエイティブ拠点を築き、アーティスト、研究者、産業界など「問い」を共有しあえる人々のネットワークを世界に張り巡らし、知的人材と才能を引き寄せる「磁場」をつくった。

④科学技術の社会（産業、教育、生活）への実装力を高めた

行政とパートナーシップを組むことで、市民に教育や文化体験、創造性を発揮する機会を提供してきた。若い人材の育成、地域のスモールビジネスの支援を行うと同時に雇用も創出する。短期的視点しかもち得ない企業に対して、公営企業として中長期的、あるいは社会全体を捉える俯瞰的な視線から、科学技術の社会実装力を高めることを支援してきた。

⑤重工業の街から文化創造都市への転換に成功した

「未来志向」の市民意識を育み、文化・社会的成長と経済的成長の両立が地域社会の創造力、競争力を高める、という価値観を共有し、重工業の街から文化創造都市への転換に成功した。

アルスエレクトロニカは一貫して、街の人々、市民の日常の現場にコミットしてきた。テクノロジーは

絶えず変化し進化し続ける。例えば、人工知能（ＡＩ）、ロボット技術、自動運転カー、量子コンピュータ、バイオテクノロジー、再生可能エネルギーといった先端技術もお互いに結びつき、影響しあいながら、さらなる技術革新を生みだし、個人の生き方、人間関係、働き方、家族のあり方、教育、医療、社会システムなど、さまざまな局面で、人と社会のあり方を変えていく。

そしてその変化がもたらす衝撃が大きいほど、人々は不安に駆り立てられてしまう。だからこそリンツ市は、どのような未来の可能性や脅威があるのか、自分たちに何ができるのかを多くの人たちとともに考えるアルスエレクトロニカという「時間」と「場所」を継続的に提供し続けてきたのだ。

アルスエレクトロニカから学べること

アルスエレクトロニカが探求してきた、「技術革新がつくりだす未来社会において、人はどんな生き方をすればいいのか？」という問いは、工業都市リンツが地域の存亡をかけて抱えていた緊急の課題であった。

今やその問いは、どこに暮らしていようと、今を生きる私たちにとって重要だ。それを共有し、変化の先にある発想を学び合いたい人々が、日本をはじめ海外各地からオーストリアの小さな街に集まってくる。

成熟期を迎えた日本社会においても、「科学技術を活かした地域社会創生」は大きな課題だ。リンツ市はこの課題を、地域社会全体のアジェンダとし、特定の産業創出や経済的な成長にとどめず、市民社会全体の創造性を高めるという発想で、息の長い持続的な活動を行ってきた。

アルスエレクトロニカから、最先端テクノロジーの潮流を知ることは有意義だが、最も大切なことは、社会全体が未来の変化に柔軟に対応し、そこで暮らす人たちから多様な創造性が生まれる土壌をつくりだすことにある。創造性を生む「状況」、創造性を活かしあう「社会的空間」を、立場を超えた人々がどのように共同し、育てていけるか。その発想と体験にこそ、私たちが学ぶべきことがあるのではないだろうか。それは、個人のもつ自由で独創的な発想を活かしあう社会の姿だ。個人の発想は、創造性を発芽させる「社会の仕組み」があって初めて芽を出す。

リンツ市とアルスエレクトロニカの活動は、その意味において、新しい技術革新の可能性を地域社会の力に変えた社会モデルであり、未来への持続的な発展そのものを強みとした街なのである。重工業の街から文化創造都市への転換も、単なる産業構造の変化にとどまらない、将来の変化に柔軟に対応し得る「レジリエンス（抵抗力、耐久力）」の高い社会への転換であったと言うべきだろう。

そしてこうしたアルスエレクトロニカとリンツ市の持続的な取り組みが現実に社会を変えていく力となりえたのは、フェスティバル、コンペティション、センター、ラボといった装置を互いに連動し合う、一つの運動体として運営し続けてきたチームの存在、その担い手たちの存在が決定的に重要である。町の文化的・社会的な成長というミッションをもって、行政と民間、そしてアーティストやさまざまな専門性を持った多様な個人たちが、垣根を越えて一つのチームとなり、このアルスエレクトロニカという運動体を動かし続けてきた。トップダウンでも、ボトムアップのどちらでもない。人々にコミットし、異なる領域、異なる専門分野（ディシプリン）をつないでいく行為。そして、それは生身の人間が行っている。

アートがつくりだす「社会的空間」とは

多様な人々が出会い創造性を活かしあう場を「社会的空間」とすると、そんな場をつくりあげ、人々を巻き込み、新たな価値を創出するために、アートはとても大きな役割を果たす。その事実をアルスエレクトロニカとリンツ市の物語は示しているように思う。

アートは人が感覚や感性、経験を通して、世界を捉えようとする行為である。社会の変化や問題を察知し、顕在化させ、新しい考え方を指し示す行為だ。アルスエレクトロニカが、「テクノロジーと社会」ではなく、「アート、テクノロジー、社会」を哲学にしてきた理由も、その点にある。アートがあることで、アルスエレクトロニカとリンツ市は、時代変化に柔軟に対応できる社会の仕組みをつくりだしていった。

とりわけアーティストと呼ばれる人たちは、誰よりも早く変化に気付き、人々と共有可能な形にして社会に提示する方法をもっている。しかし重要なのは、あくまでも個人が自らの感覚や体験を通して、社会を捉えようとする態度や思考であり、アーティストという肩書きそのものではない。テクノロジーの力が大きくなり、社会全体が激しく変化し続ける時代において、その態度はむしろ変化に翻弄されない座標軸をもつことを意味する。地域社会全体の価値創出力を高める「社会的空間」とは、そうした「アート的思考と態度」をもつ人が増えること、そしてそんな人々を支える社会の仕組みのことではないだろうか。

アートとサイエンスを文化にできる国へ

例えば、「科学立国」という言葉があるが、それは自然の本質を考え、身近なことに問いをもって生きる「科学（サイエンス）」的な物事の捉え方や感性をもった人が、自由に伸び伸びと活躍できる社会を意味すると、私は考えている。自然の本質を探求する「サイエンス」と、人間や社会の本質を探求する「アート」は、その意味で似ている。人口減少社会において、人の代わりに働き、新産業を促すテクノロジーを探求するだけでなく、こうした「アート」や「サイエンス」的思考をもった人たちの創造性がより発揮される「社会的空間」をつくりだすことが、社会全体の創造性、つまりは生産性を引き上げるために必要だ。

幸いにも、日本にはこうした「アート」的思考、「サイエンス」的思考をもった人たちに恵まれている。アートに関しては厳密な社会階級によって垣根をつくられてきたヨーロッパ社会以上に、日本では、アートとサイエンスが日常に深く存在してきた。世界の森羅万象を繊細な感覚で捉えようとする日本人の感性やセンスは、アルスエレクトロニカ・フェスティバルにおいても常に高い評価を獲得し続けてきている。テクノロジーにアートを入れ込む文化がこの国にはある。歴史的には個人と社会は常に対立する概念として捉えられ、その葛藤が社会を動かすエネルギーでもあった。しかし個人と社会は必ずしも矛盾しない。むしろ相互補完的な関係にあるはずだ。個人の発想は、社会的な基盤があって初めて活かせる。とはいえ、異なる発想を活かしあうにはどうすればいいか？　例えば、行政と民間の不信をどう解けるのか？　短期的な発想だけでなく、中長期的な視点をどうもち得るのかなど現実的な課題は大きい。

しかし、その一方で、日本はお互いのことを慮る文化をもった社会でもあり続けてきた。こうした、日本の文化的基底を大切にしながら、「協働」しあう方法を探ること。もう一度、新たな小さな「実験」を行うこと、そのトレーニングを始めるしかない。複雑な現代社会でどう粘り強く変化していくか、そういう時に、市民、産業、行政といった、異なるセクターが手をつなぐ必要性がある。

――日本の産業、文化の強みは「向上心」と「質」にあります。ものづくりへの探究心には常に驚かされるし、それを具現化する確かな技術力がディテールを生みだしています。そこには「人をもてなす」哲学を感じます。この強みを、革新的な領域や社会的課題の解決にもっと応用するべきではないでしょうか。

（小川秀明／フューチャーラボ、アルスエレクトロニカ・ジャパン・ディレクター）

アートとテクノロジーの力を得た市民が変革の主体になる

２０１６年のアルスエレクトロニカ・フェスティバルでは、アート、サイエンス、テクノロジーの領域をつなぐ、新たな「ラボ」の運営者たちが世界各地から集い、お互いの実践や課題を討論しあうシンポジウム「新たなフロンティアの探求（EXPLORING NEW FRONTIERS）」も開催された。エジプト、ドイツ、ナイジェリア、ウガンダ、イタリア、スウェーデン、アルゼンチンなど世界各国からアーティスト、教師、社会起業家など多様なバックグラウンドをもつ人々が集まった。若い彼らはグローバル化が進むなか、それぞれの地域社会が置かれた状況や課題にコミットしながら、独自の「ラボ」やアートフェスティバルを立ち上げ、社会変革に取り組んでいる。

私はこのプログラムのモデレーターを務めたのだが、ウガンダの社会起業家エリザベス・カスジャのプレゼンが心に残った。彼女は携帯電話を使って、健康センター、医療専門家、救急車サービスにユーザーを即座に接続する新しいモバイルアプリ「インスタ・ヘルス（InstaHealth）」を開発した時のストーリーを話してくれた。彼女の住む地域では、ヘルスケアセンターが人々の住む場所から遠く離れていて、診療所には薬や医療器具が不足している。そんな実際に直面した経験から、このサービスは生まれていた。こうやってテクノロジーが普及することで、一市民が社会変革を起こす主体へ変わることができる。

このシンポジウムに参加した人たちは、フェスティバルでの交流こそが、ここに来るモチベーションだと話してくれた。自分が取り組んでいるテーマと実践を共有しあうことで、フェスティバルに主体的に関わり貢献しあっていた。フェスティバルは、インスピレーションを得る場であり、お互いのモチベーションを高めあう社会的空間となっている。

しかもここでは人と人とが直接出会い、触発しあう「ライブ体験」が重要視される。ソーシャルメディアに依存した時代、最先端の技術革新をテーマとする場だからこそ、生身の人間が発信する言葉やエネルギーが重視されている。

欧州に広がるアート・テクノロジー・サイエンスへの期待

２０１６年、「スターツ・プライズ（STARTS prize of the European Commission）」という新しい国際コンペティションがスタートした。ＥＵ（欧州委員会）の任命を受け、アルスエレクトロニカが立ち上げたもので、プリ・アルスエレクトロニカとは別の国際コンペティションである。その成果はプリ・アルスエレクトロニカとともに、フェスティバル会場で発表された。「STARTS」は「Science ＋ Technology ＋ Arts」を示

ヘルスケアから救急車サービスまでユーザーに即座につながるアプリを開発したウガンダの社会起業家エリザベス・カスジャ（2016）

し、科学、技術、そしてアートがもつ可能性を取り込み、イノベーションを促進するのが狙いだ。デジタル革命後の社会において、アートとテクノロジーの共存はもはや矛盾しない。未知の課題を捉え、その創造的な解決策を見つけだすには、人間の本質を捉えるアートの視点と、それを形や体験としてつくりだす技術革新の可能性が一体となる必要がある。そのことに気付いているのは、今やアーティストや研究者だけではない。アートは新たな産業創出にも不可欠なのだ。「STARTS」はその狙いとして打ち出された。

従来の科学、技術、芸術の垣根を取り払い、人間中心の創造性を支援し、

2016年の「STARTS」受賞プロジェクトより「人工皮膚と骨（Artificial Skins and Bones Group）」（ドイツ）。自然からインスピレーションを受けた新しい「人工皮膚と骨」をつくりだすベルリン・ヴァイセンゼー芸術大学の若手デザイナー集団のプロジェクト。例えばリサ・ストーンとジューティン・ヤンが手掛けた「見える強さ（Visible Strength）」は、タコに触発され、筋肉の活動を通じて自由に色や模様を変えることのできる素材をつくりだした。テキスタイル、ファッション、デザイン、ヴィジュアル・コミュニケーション、そしてテクノロジー。異分野を横断することで人工的なボディパーツの設計とその相互作用を自由に探求した。将来的には、人工器官等の医療領域での応用が期待される

社会を変えるイノベーションを創出しようとする挑戦だ。リンツという小さな街で生まれたアルスエレクトロニカは、今、欧州全体においてアートの創造性を社会に活かす役割を果たそうとしている。

小さな実験の繰り返しが未来をつくる

２０１６年、フェスティバルは37年目を迎えた。風物詩クランク・ヴォルケでは、フューチャーラボのチームが手掛けた１００機のドローン編隊が、ドナウパークに集った10万人の市民の前で、日が沈むマジックアワーの空に美しい映像を映し出した。その様子を、私の隣りで１人の少女がじっと見上げていた。彼女の姿を見て、アルスエレクトロニカ・フェスティバルとは、新しい風景をこの街につくりだす行為だったのだと思った。日常のなかに繰り返し小さな実験をつくりだすことで、未知の可能性をシミュレーションする。それが人々の経験となり、やがて本物の風景に変わっていく。日常と非日常が混じり合い、やがてそれが未来になっていく。その小さな実験を繰り返していくことで、体も心も生まれ変わっていく。

文化とは、その地域社会やコミュニティが時間をかけて選択してきた価値観や生活行為の蓄積だ。この街の人は「文化は、過去に生きた誰かがつくったものではなく、今を生きる人の手によってつくりだせるものだ」という実感をもっている。

2016 年のフェスティバル。100 機のドローン編隊が夜空に浮かび上がった

あとがき

初めて訪れた２００６年のフェスティバルについて書いたレポートを、先日10年ぶりに読み返した。刺激を受けた作品、カンファレンスでの白熱した議論、ドナウ川沿いに詰めかけた人々の様子などを挙げながら、私はそこに「見えていることより、見ようとすること」「技術を生活者の視点から」、そして「これからの創造性は、多様な人々が協働しあう仕組みをつくること？」と記していた。しかし、そのレポートの評判はあまり良くなかった。普段の仕事とどう関係があるのか？　そんな反応が多かった。当然と言えば当然だ。ソーシャルメディアの勃興期、社内はこうした変化を世の流れとして受け入れ、いかにビジネスチャンスを見つけるかに邁進していた。私のレポートには未来への問いかけはあっても、そこに答えがあるわけではないのだ。しかし当時所属していた研究所の中村博所長は、「一度行ったくらいでわかるはずがない。来年も行けばいい」と、翌年もリンツに送り出してくれた。以来、リサーチ目的に毎年リンツへ足を運ぶことができた。彼の存在がなければ、この10年はなかったと思う。

２０１３年、私は手探りでアルスエレクトロニカとの協働を始めた。その年のフェスティバルで、オンライン上のコミュニケーションに対し「ライブ体験」の価値を見直す「フューチャー・ロック・ショー」という公開討論会を共同企画し、世界中からアーティストを集めた。このトライアルを経て、半年後の２０１４年春に博報堂とアルスエレクトロニカは「フューチャー・カタリスト（Future Catalysts、未来のための触媒）」という名の共同プロジェクトを立ち上げた。

アーティストの創造性が社会で活かされるには、立場を超えて人々をつなぎ、対話を促す役割が要る。アルスエレクトロニカは、私たち博報堂という社会のマージナルな領域で働く存在にその機能を見出した。日本はアートと社会の触発を高い次元で実現できるという期待もあった。

一方、博報堂がアルスエレクトロニカとの協働を決断したのは、必ずしもアートへの理解があったからではない。むしろ私たちは「我々の仕事は決してアートになってはいけない」と教え込まれてきた。成果は「問い」ではなく「解決策（ソリューション）」に落とし込むように、と。しかし、技術革新とともに「生活者」を捉える発想も更新しようとする姿勢は、企業文化として残っていた。その態度はアート的な思考と根底でつながる。この文化がお互いの信頼関係をつくりだしたのだと思う。

３か年の期間限定で始まったこの取り組みでは、アート、テクノロジー、サイエンス、デザイン、コミュニケーション、それぞれの専門能力を活かし、新たな問いの提起と解決策を目指して、企業や地方自治体等とさまざまなプロジェクトに挑んだ。事業創造や地方都市の文化政策のために、問題提起型のアート的思考を、従来の課題解決型のデザイン思考と結びつける方法論を試した。企業や自治体の人たちからは「社内には答えを出す力はあるが、問いを立てる力が足りない」「技術の種はたくさんあるが、未来の生活シナリオに落とし込めず眠らせている」「さまざまな人や視点をつなぎ合わせ、コトを動かす人材の必要性を感じるが、どういう人に適性があり、どう育てれば良いのかわからない」等、さまざまな声を聞いてきた。

既存のルールがもはやあてにはならない時代、新しい価値創造の仕組みが必要だと感じ、人間や社会の本質を捉えようとするアート的思考（＝アートシンキング）に関心をもつ人が徐々に広がっている。博報堂だけでもこの3年で、のべ１００人近くがリンツを訪問した。アートは生活の選択肢を押し広げようとする行為だと体験的に気づいた仲間が増えている。アート的思考はプロモーションや賑わいのコンテンツとして消費するものではない。それでは今までと何も変わらない。

創造性（クリエイティビティ）という言葉には、二つの意味がある。一つは、自分自身の手で何かを生み出すこと。もう一つは、新しい世代をつくることだ。日本は人口減少社会という未知の領域に入ろうとしている。どうすれば変化を柔軟に受け止め、未来を不安ではなく希望として受け入れられるだろう。次世代が育つ土壌を育てること、それが今最も「創造的（クリエイティブ）」な仕事だと思う。

本書ではアルスエレクトロニカの現実や実践を、そこに関わるさまざまな立場の人たちが紡ぎだした物語として伝えたいと思った。欧州と日本の境界を乗り越え、学びあうための一助となれば幸いである。アルスエレクトロニカは、欧州におけるベストプラクティスの一つだが、世界や日本には、もっとさまざまなアプローチがあるはずだ。私自身その方法論を探求し、アートと社会をつなぐ役割をライフワークとして賭けてみたい。それが、この10年アルスエレクトロニカから学んだことへの恩返しになると思っている。

最後に、本書の執筆を粘り強く、そして的確にサポートしてくださった学芸出版社の井口夏実さんに心から御礼を申し上げます。

２０１７年3月　鷲尾和彦

【写真クレジット】掲載頁｜撮影者名｜作品名｜アーティスト名　（表記以外は筆者撮影）

011 上 ｜ Kazuhiko Washio ｜ Skinterface ｜ Charlotte Furet, Catherine Ka Hei Suen, Andre McQueen, George Philip Wright
011 下 ｜ Kazuhiko Washio ｜ LipDub-Take a Chance, Take a Change! ｜
013 上 ｜ tom mesic ｜ Homo Restis ｜ Jens Vetter, Sarah Leimcke
013 下 ｜ tom mesic ｜ Orbits ｜ Quadrature
019 下 ｜ tom mesicc ｜ Future Innovators Summit ｜ Future Catalysts (Hakuhodo × Ars Electronica)
021 上 ｜ Florian Voggeneder
021 下 ｜ Robertba
023 下 ｜ Oberösterreichisches Landesarchiv, Allgemeine Fotosammlung
025 下 ｜ Kazuhiko Washio ｜ Post City Kit made in Tokyo ｜ Future Catalysts (Hakuhodo × Ars Electronica)
029 上 ｜ tom mesic ｜ Tocuhy ｜ Eric Siu
029 下 ｜ Florian Voggeneder ｜ Mercedes-Benz F 015 Luxury in Motion ｜ Mercedes-Benz
033 ｜ rubra
037 左 ｜ Manfred Carrington / www.lentia.at
045 上 ｜ unknown / Ars Electronica Archive
045 下右 ｜ unknown / Ars Electronica Archive ｜—｜ Emmett H. Chapman
045 下左 ｜ Ars Electronica
047 ｜ tom mesic
051 上 ｜ unknown / Ars Electronica Archive ｜ Linzer Klangwolke 1979
051 下 ｜ unknown / Ars Electronica Archive ｜ SPA 12
069 ｜ Ars Electronica Solutions ｜ RAG Shopping Wall ｜ Ars Electronica Solutions
071 上 ｜ Otto Saxinger ｜ ZeitRaum ｜ Ars Electronica Futurelab
071 下 ｜ Otto Saxinger ｜ Textscapes ｜ Ars Electronica Futurelab
072 ｜ Daniil Primak, Polytechnic Museum ｜ tour en l'air ｜ Ursula Neugebauer
073 ｜ Andreas Simopoulos, Courtesy of Onassis Cultural Centre-Athens ｜ Social Soul ｜ Lauren McCarthy , Kyle McDonald
077 ｜ tom mesic
081 上 ｜ Florian Voggeneder ｜ Barrier-free Play ｜ Johannes Kepler Universität Linz/Institut Integriert Studieren, KI-I
081 下 ｜ tom mesic ｜—｜ Oliviero Toscani
083 上 ｜ Florian Voggeneder ｜ Skeletonics ｜ Reyes Tatsuru Shiroku, Tomohiro Aka, Keiju Nakano
083 下 ｜ tom mesic
086 上 ｜ tom mesic ｜ atOms / MoLECULE ｜ Ryo Kishi
086 下 ｜ Kazuhiko Washio ｜ Transit ｜ Kazuhiko Washio
089 下 ｜ rubra
091 上 ｜ rubra ｜ NANK - Neue Arbeit Neue Kultur (new work new culture) ｜ Thomas Schneider, Frithjof Bergmann, Sarah Dorkenwald, Ruth Spitzer
091 下 ｜ rubra ｜ Scrap Design ｜ Margot Lüftenegger, FAB Pro.Work
095 上 ｜ tom mesic ｜ Mirage ｜ Grinder-Man
095 下 ｜ Martin Hieslmair
101 上 ｜ Florian Voggeneder ｜ Mercedes-Benz F 015 Luxury in Motion ｜ Mercedes-Benz
101 下 ｜ tom mesic ｜ Post Refugee City ｜ Lukas Maximilian Hüller, Hannes Seebacher
111 ｜ Florian Voggeneder
113 上 ｜ Florian Voggeneder
113 下 ｜ tom mesic
120 ｜ John Lasseter ｜ Luxo Jr. ｜ John Lasseter
121 ｜ Alex Verhaest ｜ Temps Mort / Idle Times ｜ Alex Verhaest
122 上 ｜ Zach Lieberman, James Powderly, Tony Quan, Evan Roth, Chris Sugrue, Theo Watson ｜ The Eye Writer ｜ Zach Lieberman, James Powderly, Tony Quan, Evan Roth, Chris Sugrue, Theo Watson
122 下 ｜ Zach Lieberman, James Powderly, Tony Quan, Evan Roth, Chris Sugrue, Theo Watson ｜ The EyeWriter ｜ Zach Lieberman, James Powderly, Tony Quan, Evan Roth, Chris Sugrue, Theo Watson

123 | Sergio Redruello / LABoral | Chijikinkutsu | Nelo Akamatsu
124 | Wikipedia | Wikipedia | Wikipedia
125 | El Campo de Cebada | El Campo de Cebada | El Campo de Cebada
126 上 | tom mesic | ARTSAT1: Invader | ARTSAT: Art and Satellite Project
126 下 | tom mesic | ARTSAT1: Invader | ARTSAT: Art and Satellite Project
127 | Agnes Aistleitner | State of Revolution | Agnes Aistleitner
128 | Sarah Oos | Femme Chanel - Emma Fenchel | Sarah Oos
141 下 | Martin Hieslmair
145 上 | Kazuhiko Washio | SOYA C(O)U(L)TURE | XXLab
145 下 | Yudhistira Purwa Anugerah | — | XXLab
153 | Nicolas Ferrando, Lois Lammerhuber
162 下 | Ars Electronica Center / Florian Voggeneder | Human Bodies - the Universe Within | Ars Electronica Center
163 上 | Kazuhiko Washio | Geo City | Ars Electronica Center
163 下 | Kazuhiko Washio | exhibition "Spaceship Earth" | Ars Electronica Center
164 上 | Ars Electronica / Robert Bauernhansl | Bee-Bot
165 上 | rubra
165 下 | Florian Voggeneder
166 上 | Martin Hieslmair | Telenoid | Hiroshi Ishiguro
166 下 | Barbara Heinzl
169 上 | Lois Lammerhuber, Nicolas Ferrando
169 下 | rubra | Fassadenterminal | Ars Electronica Futurelab
171 上 | Robertba
171 下右 | Florian Voggeneder
171 下左 | rubra | Media Vehicle | Hiroo Iwata
174 | rubra | ASIMO | Honda
185 上 | Martin Hieslmair | DRONE 100 - Spaxels over Linz | Ars Electronica and Intel
185 下 | tom mesic | Spaxels | Ars Electronica Futurelab
187 | Ars Electronica
193 上 | Mercedes-Benz | Spaxels | Ars Electronica Futurelab (Christopher Lindinger / Martina Mara)
193 下 | Mercedes-Benz | Shared Space Bots Mercedes-Benz and the Ars Electronica Futurelab
197 上 | Florian Voggeneder | Mercedes-Benz F 015 Luxury in Motion | Mercedes-Benz
197 下 | Mercedes-Benz | Mercedes-Benz F 015 Luxury in Motion | Mercedes-Benz
205 | Florian Voggeneder
225 | Martin Hieslmair | LINZ CHANGES exhibition tent
227 上 | Martin Hieslmair | Linz von oben | Ars Electronica Futurelab, Ars Electronica Solutions
227 下 | Kazuhiko Washio | (In)sights | Ars Electronica Futurelab, Ars Electronica Solutions
229 上 | Martin Hieslmair | Roof solar suitability assessment | Ars Electronica Futurelab, Ars Electronica Solutions
229 下 | Kazuhiko Washio | Design Your City | Ars Electronica Futurelab, Ars Electronica Solutions
231 上 | Kazuhiko Washio | Shadowgram | Ars Electronica Futurelab, Ars Electronica Solutions
231 下 | Kazuhiko Washio | Shadowgram | Ars Electronica Futurelab, Ars Electronica Solutions
233 | rubra
247 | Kazuhiko Washio | — | Elizabeth Kasujja
248 | Bernardo Aviles-Busch | Visible Strength | Lisa Stohn and Jhu-Ting Yan
250 上 | Kazuhiko Washio | DRONE 100-Spaxels over Linz | Ars Electronica and Intel
インタビューページ
057, 075, 149, 233 | Lois Lammerhuber, Nicolas Ferrando
106-109, 150-151, 176-197, 202-205, 234-235 | rubra
目次 003-005 | Lois Lammerhuber, Nicolas Ferrando
カバー表上 | Gregor Hartl Fotografie | Spaxels | Ars Electronica Futurelab
カバー表下 | Florian Voggeneder | Spaxels | Ars Electronica Futurelab
カバー裏・表紙 | Kazuhiko Washio

鷲尾和彦（わしお かずひこ）

クリエイティブ・プロデューサー（株式会社博報堂）。1991年早稲田大学教育学部社会科学専修卒業。戦略プランニング、クリエイティブ・ディレクション、コミュニケーションデザイン、インタラクティブ・メディア・プロデュース、新規事業開発など、多様な領域における専門性と経験を活かして、これまでに数々の企業のイノベーションを支援。2014年に、アルスエレクトロニカと博報堂との共同プロジェクトを立ち上げ、プロジェクトリーダーを務める。プリ・アルスエレクトロニカ審査員（2014〜2015年）も務め、アーティスト、イノベーター、研究機関との国際的なパートナーシップを広げている。著書に「共感ブランディング」等。また写真家としても、写真集『極東ホテル』『遠い水平線』『To the Sea』、作家・詩人の池澤夏樹氏とともに東日本大震災発生直後から被災地を取材したレポート『春を恨んだりはしない』等の著書がある。

謝辞／Acknowledgement

本書の執筆にあたりご協力・ご支援いただいた多くの皆様に厚くお礼申し上げます。

Ars Electronica Linz GmbH, Austrian Embassy Tokyo / Austrian Cultural Forum, Hannes Leopoldseder, Klaus Luger, Franz Dobusch, Alexander Mankowsky, Ian Banerjee, Conny Lee, Ingrid Fischer-Schreiber, Agnes Og Aistleitner, 中村博、渡辺保史（故人）、西村佳哲、石綿祐子、若林朋子、桜井徹、衣笠達夫、佐々木直也、浦江由美子、森ビル株式会社、平竹耕三（敬称略）

アルスエレクトロニカの挑戦

**なぜオーストリアの地方都市で行われる
アートフェスティバルに、世界中から人々が集まるのか**

2017年5月1日　第1版第1刷発行

著　者　鷲尾和彦

発行者　前田裕資

発行所　株式会社 学芸出版社

京都市下京区木津屋橋通西洞院東入

電話 075－343－0811　〒600－8216

装丁　藤田康平（Barber）

印刷　イチダ写真製版

製本　新生製本

ISBN 978－4－7615－2641－2